U0053156

哲學輕鬆讀

哲學
在哪裡?

葉海煙　著

三民書局

國家圖書館出版品預行編目資料

哲學在哪裡？ / 葉海煙著. ——初版一刷. ——臺北市：三
民，2008
面；　公分. ——(哲學輕鬆讀)

ISBN 978-957-14-5060-5　(平裝)
1.哲學 2.通俗作品

100　　　　　　　　　　　　　　　　　　97010364

©　哲學在哪裡？

著　作　人	葉海煙
企劃編輯	蔡宜珍
責任編輯	蔡宜珍
美術設計	郭雅萍
校　　對	吳叔峰

發　行　人	劉振強
著作財產權人	三民書局股份有限公司
發　行　所	三民書局股份有限公司
	地址　臺北市復興北路386號
	電話　(02)25006600
	郵撥帳號　0009998-5
門　市　部	(復北店) 臺北市復興北路386號
	(重南店) 臺北市重慶南路一段61號

出版日期	初版一刷　2008年7月
編　　號	S 100310
定　　價	新臺幣220元

行政院新聞局登記證局版臺業字第○二○○號

有著作權・不准侵害

ISBN　978-957-14-5060-5　(平裝)

http://www.sanmin.com.tw　三民網路書店
※本書如有缺頁、破損或裝訂錯誤，請寄回本公司更換。

哲學人的哲學事——序言

Q 遇見哲學的那天：

　　一九六○年代，臺灣的教育取向仍然在傳統制式的格局裡，高掛著升學主義與專技主義的大旗，再加承襲中國五四遺風——科學至上而貶抑人文，甚至於將哲學視為「玄學」，把宗教當作「迷信」。於是，在以進大學為目標的高中，便有了「自然組」與「社會組」二分的切割，而通常所謂「功課好」的學生，大多以自然組為較佳的選擇，社會組的學生乃因此蒙上「記憶力好而理解力差」的刻板印象。我不幸（如今則自覺十分幸運），落在競爭壓力相對小的社會組，於是在高一、高二之間，便開始以閱讀「課外書」為樂，而讀的大多是和哲學思考有關的書籍，例如英國的洛克、羅素，美國的愛默森、杜威，以及中國的孔子、老子、莊子和王陽明，他們有關理性、經驗、心物、知行、自由、民主、道

德、倫理，以及對人類歷史與文明的反思和批判，在在挑撥著我脆弱的思維經絡與心靈脈動，而使得我一方面對成堆的教科書和參考書感到幾分不耐，一方面則以些許孤傲之感，毅然決然填「哲學系」為第一志願。

　　其實，我並非早熟少年，也沒有任何「夙慧」，而只是憑著幾許天真、一點好奇，以及對生命、世界與看似黝黑不明的未來，所懷抱的純然嚮往，便信步走上「唸哲學」的道路。進了哲學系之後，我手觸此「知識之冠冕」，而茫茫然地遊走於偌大的智性園林裡。還好，有一些師長在前引領，他們將東西方的哲學奧義無私地敞開於我的心底——教「哲學概論」的謝凡教授、天馬行空談禪論《易》的南懷瑾先生、精研道家的嚴靈峰老師、博通古今的方東美先生，還有來自德國，嚴肅而認真，而且幾乎天天有「康德散步」習慣的柴熙教授，他們不僅讓我瞠目結舌於巍峨高聳的知識寶山，而且還通過啟發式的教學，引導我自動自發地向那充滿趣味的理論世界，進行多向度的探索。於是，我便經由一顆開放的心，挺身向足以感動自己，同時和別人有所感應的心智、情意以及包含著無盡意義的境地，親

自去參訪古往今來的所有的智者與愛智者。

Q 哲學對作者的意義：

　　哲學對「我」而言，是自我的發現，是生命的探索，是對這個世界永不停歇的探險。我認為「哲學」是愛智之學，也是樂道之學；前者側重智性，後者則指向德性。哲學對我而言，已不再只是一種知識，而是智德合一，心腦並用，如此才能由「基本」推向「應用」，並自「理論」展開為「實踐」。它不只是知識百科之總綱，更是足以引領我們從事自我發現，進行人我溝通，以至於和世界展開無盡對話的探索之旅。

　　除此之外，我還相信：「有人的地方就有哲學的產生」。無論在西方或是東方，柏拉圖、多瑪斯、笛卡爾、康德、尼采、維根斯坦、懷德海、孔子、老子、莊子、熊十力、方東美、牟宗三、西田幾多郎……，甚至於一個商人、一個農夫，都有他們的哲學觀點。可以說，在每一個人的人生觀和價值思考裡面，都可能發現哲學的蹤跡。還有，我認為「有問題就有哲學」，有什麼樣的問題就有什麼樣的哲學，而用什麼樣的方法面對問題、處理問題，就可

能出現什麼樣值得繼續追究下去的哲學，因此，多面向的哲學思考開展了「形上學」、「知識論」、「倫理學」、「美學」等基本的哲學範疇。此外，在每一種知識領域裡，哲學家打破砂鍋問到底，而後出現了社會哲學、政治哲學、科學哲學等論域。總而言之，哲學對我而言，是無所不在的。

Ⓠ 本書特別之處：

這本書的特色，就是結合理性、想像與詩意於一身，而讓哲學成為天地間的行旅者的品味小書。

在知識資訊化、理論分科化、思維專業化，而哲學也同時出現應用取向與技術導向的這個時候，我在自得其樂的天真引領之下，以樂觀的心情，將哲學擬人化，而步上蘇格拉底遊走的街頭，一路向那迤邐而來的天地風光與人間場景前進：由街頭、廣場、庭院、穿堂，而後閃身進入主客促膝言歡的客廳；接著由名喚「阿哲」的少年帶領，從海邊、平原、市場轉身進入教室和運動場，至於那喧鬧的劇場與肅殺的戰場，自然也不容輕易錯過。如此的行徑與足跡，一方面可以讓讀者用心傾聽並交談於會議室和咖啡屋之間，一方面則可讓讀者側身於臥

室、廟宇以至於冷清的墳場，去細細品味人生，思
考死亡、永生與來世的意義。

　　且讓古往來今的哲學家依序出場，魚貫而來
——就讓他們走入人文與自然交映的生活現場，同
時在天光與地景更迭切換的瞬間，各領其銜，各現
其身。此刻，那「少年阿哲」不再是虛擬人物，而
是我們每一個人真真實實的化身，化身於世上的每
一個角落，也同時現身於生活的每一種境遇。

　　哲學究竟在哪裡？請大家一起來找尋。

哲學在哪裡?

開場白

　　宇宙洪荒，洪荒宇宙；上天下地，萬物億類，如網羅罩籠，而人處其中，人居其一，人甚至自號「萬物之靈」，或自謂「理性的動物」。當然，人確實和一般的動物有所不同——人就是人，別無分號，也不必有暱稱。

　　人雖常自感渺小，卻總是自視甚高，總自以為位在世界的中心點，而認定自己是世界上最尊貴的存在者，甚至以為沒有「人」，就沒有所謂的「世界」。確實，縱然這天地萬物自始就存在著，但如果我們人不生在其中，而我們人也不為它做些什麼，那麼這天地又與我們何干？而在那洪荒蒼茫之間，我們又如何能頂著「人」這個頭銜到處遊走？

　　在那「最初」的時候，人們就不斷地向蒼穹發問，對天地提問：

　　　人是什麼？
　　　我是誰？
　　　「活著」是怎麼一回事？
　　　而我又為什麼要和那些「別人」一起活著？
　　　這世上，到底是誰說出第一句話、第一句有情有意的話？

　　而這世上又為什麼「人人一張臉，個個一副心」？

　　而且，每個人又為何都各有各的主張，各有各的堅持？

　於是，人們繼續要問：

　　「言語」為何而來？

　　「思想」藏些什麼？

　　「心靈」究竟有何奧妙？

　　真實、善良和美麗，這世上三樣寶，又到底值得我們為它們做些什麼？

　　話說從頭──「人」的出現，縱然不是什麼驚天動地的大事；但是，那悠悠千年萬年的大夢，卻怎麼也揮之不去。特別在一陣陣春雷從四面八方降下之際，那一個一個的「人」啊！便似乎像冬眠過後的蟲兒，紛紛探出身子來，向著廣漠的天地，展開「一期一會」的生活，而生活就在如真似幻的夢裡，輕輕碾出若有若無的印痕──人啊！大夢依舊在，而小小的夢裡竟有音聲細細，悄悄傳來；分明

說的是人話，而且是兩個人在說話：

　　A: 「哎呀！你是誰呀?」

　　B: 「你又是誰？怎麼如此大驚小怪?」

　　B: 「我是人，你是人，因此我們都是人，這
　　　　一點也不稀奇。」

　　A: 「廢話！這還用說嗎？難道我們都不是
　　　　人?」

　　B: 「當然我們都是人，否則我們怎麼能夠在
　　　　一起說『人話』?」

　　A: 「可是鸚鵡不是人，也會學著說『人話』
　　　　呀!」

　　B: 「鸚鵡本來不說『人話』的，牠們是有樣
　　　　學樣，一點也不自覺地學說『人話』。」

　　A: 「難道你是鸚鵡？否則你怎麼知道牠們
　　　　只是有樣學樣，一點也不自覺地學說『人
　　　　話』?」

　　B: 「哎，你怎麼可以懷疑『我是人』這個鐵
　　　　錚錚的事實?」

　　A: 「我不是懷疑『你是人』，而是質疑縱然
　　　　我們都是人，但我們又能做些什麼?」

B：「這至少表示我們可以一起說話，一起生活，一起望向共同的未來。」

A：「你說的還真美，一句『我們都是人』，竟然可以有這麼豐富的想像。」

B：「這可不只是想像，因為我們能感覺，能思考，能深刻地體會『人活著』到底是怎麼一回事。」

A：「你可都在說『人話』了，但我還是有那麼一點懷疑：『我真的是人嗎?』我之所以為『我』，又如何是千真萬確的?」

原來「自我」的出現，就從我們的言語與思想相互滲透的當下開始，說「自我」一點也不假，其實是因為我們對「自我」做了深度的反思——這或許便是「哲學」從思想的水平線露出頭來的契機。

我們從小到大，都在半夢半醒之間尋尋覓覓，而那暗黑的夢境竟有亮光自遙遠的彼端走來，走向我們眼力所及之處，於是「自我」與「非我」便一直吵嚷不休，不為別的，為的是讓一個個活生生的「人」能夠昂然站起，並跨出大步，步步落實在生活的土壤之中。

生活不需專家，而思考自有分寸，做人自有規矩。於是每一個孩童都好奇，也都善問，問那渾身顯露疲憊的大人：「你們說我是個小孩，而『小孩』又怎麼也是一個『人』?」此刻，四周沈寂，而我們心底卻有陣陣呼喚，呼喚那千年萬年的暗黑，只為那一剎那的亮光──我們都是愛光的族類，不斷地將恐懼與掛慮拋向身後，因為眼前滿滿是希望的種籽，正不斷地跳向大地。

而亮光從何而來? 亮光從天而降，亮光從地而生，亮光從心而來。亮光一直照在我們的頭上，一直引領我們走向彼此能夠相互照面的地方。

而照面之後呢? 話就從頭說起吧! 於是人在光中，人在地上，人在離山離海的不遠處。而最教人興奮的是我們都在光中認出「大家都是人」，大家也都有話可說，只因為天地給了我們寶貴的資產，而歷史也同時給了我們難得的機會。如此，時空交錯，山海交接，一座座屬於人的城邦於是現身，而一條條街衢也於是延展了開來……。

哲學
在街頭

　　兩千多年前的希臘城邦——雅典，儼然是西方古文明中最光彩奪目的一顆明珠。雅典作為希臘半島上「以城為邦」的一員，一直上演著傳奇性、戲劇性的故事。

　　除了爭戰、民主，和那一口氣奔跑四十多公里，以至於為國殉軀的馬拉松傳奇外，最教人目眩神迷的，是一頁頁用思維與言語所織就出來的智慧傳奇——這傳奇不是神話，也不是子虛烏有的小說怪譚。其中，最特別的當然是那被譽為西方世界第一個把「哲學」定義為「愛智之學」的「哲學家」——蘇格拉底 (Socrates, BC469～BC399) 的故事。

　　蘇格拉底有一顆大腦袋，還有一副如假包換的真心肝。他的一生幾乎都在眾聲喧嘩之中度過，他總是踽踽獨行於雅典街頭，為的是要尋找一處寧靜、祥和而可以讓眾人坦然相對的角落。這角落不遠，它就在人們周遭，就在人們一起注視的方向，而且它也一直伺候著理性的亮光，等待哲學家用最謙卑的身姿，和他的朋友們一起煨熱那無端的寂冷，因為哲學家本來就喜歡和人們一起享受這人間不加也不減的暖和、不疾也不徐的溫馨。

　　不過，蘇格拉底既然已經從自己家裡出走，又

同時從「自我」走向「他者」（「我」以外的其他人
——他們自是一個一個的「我」），他眼中可不能無
人，心底更得時時念著和他同在的其他人。在此，
就難免出現一種連蘇格拉底都不能不面對的弔詭：

　　是先有「哲學」，然後才有「哲學家」這被尊
　　為「愛智者」的特殊個人？
　　還是先有哲學家，然後才在哲學家的心裡生
　　長出那株知識的長青樹，樹梢就盤旋著「哲
　　學」這啼喚不已的鳥兒？

　　面對這兩個關聯性的問題，我們其實過於計較，
因為我們應可如此確認：是先有哲學家，而後才有
所謂的「哲學」。所以，這也不必然是弔詭，因為我
們既然活在這個世界——這個人言人語如鳥兒飛翔
的世界裡，我們不得不在「自我」和「他者」之間，
不斷地說出自己心裡的意思，讓別人明白我們到底
是存什麼「心」，用什麼「意」或動什麼「情」。如
此看來，哲學家之所以愛好智慧，理由並不難了解：
因為智慧可以讓我們存真實的心，用真實的意，同
時動真實的情；而且利用如橋梁般的言語，聯結自

我與他者之間的兩端，智慧於是有了無數的化身，牽引著我們一路走了過去，又走了回來。來回之間，哲學家便以智慧為道，哲學為路——道路恰似千絲萬縷，不斷地編織出生命的彩衣，讓我們不僅可以蔽體禦寒，還可以展現出美好曼妙的身姿。因此，蘇格拉底走上街頭，走在雅典城人來人往的廣場中，利用言語和他的朋友相遇——使知識和知識切磋，使思考和思考交鋒，更使心靈和心靈相互照映。

於是，人有了「哲學」，「哲學」也有了真正懂得他的人來陪伴，來一起探索宇宙和人生最最深邃的內裡。

而哲學家總是讓人心動，甚至教人悚然一驚，就像那好奇的女孩蘇菲走入如真似幻的情景中——她穿過雅典的大街小巷，走上世界上最早的廟宇巴特農神殿，她竟遇見了「他」：

> 蘇菲的心差一點跳出來。哲學家真的是在跟她說話嗎？她只有一次在黑暗中看過他的側影。他真的就是這位站在雅典高城的男人嗎？

（喬斯坦・賈德，《蘇菲的世界》(上)，臺北：智庫，1995 年，頁 105。）

　　女孩豈止好奇？女孩活潑又可愛，她有思想，卻仍然一副傻樣子；她有主見，卻總是專注地傾聽，傾聽「他」的話語，而他還是不輕易露臉，不輕易說出心底的話──並不是蘇格拉底愛賣弄玄虛，而是他確實有不少難言之隱。不過，難言而欲言，不言而能言，這才是身為哲學家的真本事呀！

　　他終究還是從雅典高城走了下來，走向雅典街頭。而最難得的是蘇格拉底終於開口說話，開口吐露真心話。

　　蘇格拉底強調「愛智」，一個「愛」(philo) 加一個「智」(sophia)，這樣的組合竟成就了一個真真實實的人，一個真真實實的哲學家。而哲學家人在街頭，身在人群之中，他的心則一直流連在言語、真理、意義、價值、道德、公義、美善與理想之間。

　　原來哲學正是生命的學問、生活的文章，哲學對知識作了系統的處理，對人生作了深度的探討，同時對世界展開全面的接觸與挖掘的工作。想想蘇格拉底成天在雅典街頭和他的朋友、學生「對話」──其實是心對心、腦對腦，也就是人對人的相遇。因此，說蘇格拉底的哲學是「相遇的哲學」，似乎一點也不為過；而真正的相遇需要人和人、腦對腦、

心對心的交往和交流。

蘇格拉底經常行走於雅典街頭，經常地對人提問，問一些看來有點弔詭的問題。每當雅典的年輕人直接說出自己的想法和看法之後，蘇格拉底針對他們的回答再次深入地追問下去，這些年輕人對於他的追問，竟然往往啞口無言，開始覺得自己的回答有些不足，內心甚至產生些許不安。而蘇格拉底之所以要如此追問，其實是因為他覺得自己很無知，想看看其他有智慧的人對相同問題有怎樣的看法，是不是比他自己的看法更接近真實。換言之，他以「洞悉自己的無知」作為哲學的開端，作為追求真理的方法，並且試著讓世人在他的協助下，對真善美有更正確的認識。

然而最後，蘇格拉底竟為他這「愛智」的志業而犧牲寶貴的性命，被法庭控訴了「不敬神明」和「腐壞青年」的罪名，被判了死刑，成為哲學界第一個「殉道者」。但由於他以「愛好智慧」的精神來為哲學下注解，因而使他贏得西方世界第一個真正的哲學家的美譽。

原來街頭不只讓人們用身子走動，它還讓人們用心用腦來走出自己的路，並且一起走向整個社會

整個文化的前景。蘇格拉底顯然要我們坦然面對底下四個對應的命題：

「語言」對應「真理」——這對應正邁向「心靈」

「存在」對應「意義」——這對應正引動著「生命」

「思想」對應「理想」——這對應已然是「道」

「人」對應整個社會、整個國家、整個世界

而他如果有什麼正確或崇高的目標，又似乎是要我們：

通過「語言」，邁向「真理」；

經由「存在」，走入「意義」；

運用「思想」，高舉「理想」；

堅持「人」這個身分，向整個社會、整個國家、整個世界丟出深沈而篤實的問號。

如今，雅典城依舊，雅典街頭也仍然人聲雜沓，而蘇格拉底哪裡去了？那名喚「蘇菲」的女孩又哪

裡去了?

　　人云亦云，終究悄然無息，而哲學哪裡去了?

　　哲學無所不在，但哲學家何時能夠再現「本尊」

呢?

哲學

在廣場

　　通常，所謂「廣場」總是給人一種空曠的感覺，而一旦步入廣場，我們也總是有所期待，期待看到一些人——大多是陌生的人，他們或者形色匆匆趕著路，或者悠哉悠哉散著步。當然，也有不少人停下腳步，彼此攀談，甚至三五人為伍，一起高談闊論；而最教人心頭一震的，是出現大批群眾進行示威的抗議，用最激烈的言語，挑動著人們的神經和血脈。

　　本來，廣場理當空曠，理當讓人車自在行，而不必擁擠在喧囂之中；同時讓我們不需提心吊膽，唯恐被人碰上或被車撞上。可以說，「廣場」顧名思義，其實就是所謂的「開放空間」，它開放向四面八方，縱然它四周往往散布著各有特色的建築物，甚至有大樓連接成高牆般，將廣場圍繞成一座有廣度且有縱深的立體，其中，人潮車潮竟似海潮般往來，而這當然是人類文明的傑作，例如紐約的時代廣場（*Time Square*）。

　　然而，無論如何，廣場終究是開放的，說它是「城市之心」也不為過，因為總有道路通貫而來，又延展出去。其實，廣場不必大，只要能會合從四面八方而來的人與車，而又能教人們駐足其中，彼

此照面，做一些交流、交換或交易的動作，它的功能便達到了，想當年有哲學家穿梭其間的雅典城的廣場，應也是這般寫照吧！

如此，哲學家行過街頭，信步來到這個開放空間，也同時展示出愛智者開放的心靈，於是有渴望知識洗禮的孩童跟隨而來——他們嬉遊於廣場之中，他們盡情呼吸著新鮮而自在流動的空氣，又有燦爛的陽光照拂那紅嫩而純真的臉龐。孩子們本來無憂無慮，卻有問題如清泉湧出，湧向我們的哲學家、我們的愛智者，於是一場又一場的對話就在廣場四周的角落擺了開來：

「先生，你從哪裡來？」

「我呀！我從家裡來。」

「那你家在哪裡？」

「我家就在這座城裡。」

「先生，這座城就是你家嗎？」

「哎唷！你這問題還挺有意思！沒錯，這座城就是我家，雅典就是我家。」

「那麼，你和所有雅典人都是一家人了？」

「是的；孩子，我們都是一家人，就看你怎

麼看待我們這個家，而你確實可以把別人的
父母都當成可尊敬的長輩，把別人的兄弟都
視為可交往的朋友。也就是說，我們都是『公
民』。」

「公民？我們都是公民？」

「確實，所謂『公民』是就我們雅典城的一
分子而言的，這個角色是已超出我們都是自
己父母的子女，都是自己兄弟的兄弟這個身
分。因此，在這廣場裡，我們才會有更多的
東西要交換，更多的思想要交流，還有更強
烈更真摯的情意，要我們彼此認識，相互關
懷。」

「嗯，可是我只是個小孩，哪有什麼本事可
以跟別人交換、交流？不過我很會踢球喔！」

「沒有關係，你就盡情和朋友一起玩吧！你
們在遊戲之中，其實就在進行彼此之間對等
的往來，因此可以享受僅屬於你們之間的生
活趣味。」

　　看來，廣場就是個小社會，而雅典的廣場滿滿
是閒暇，滿滿是言語，滿滿是溫溫良良的心思與情

意，難怪孩子們繼續地玩了下去，他們的周遭也同時持續地進行一場又一場的對話：

「你看那些小孩玩得多起勁啊！他們真的是不識愁滋味，壓根兒不知道大人世界裡暗藏多少的玄機，也不曉得大人的心靈中又可能有多大的風雲變幻。」

「哎！本來是『小孩成長為大人』，但我們這些大人卻沒有一個可以被叫做『大小孩』或『老頑童』。說真的，還真想回到童年，跟夥伴在這廣場玩上一玩！沒錯，就是這個廣場充滿我的回憶。」

「多年來，不知有多少雙腳踏過這廣場，而它們往往在落下一身子的重量，往前行走之後，最後就不知所終了。從小孩到成人，再從成人到老年，這是一個人成長而逐漸老化的過程，卻怎麼也沒辦法在廣場中留下蛛絲馬跡——只有廣場上的風聲依舊。以前的舊人哪裡去了？埋怨、苦楚和憾恨又往哪裡走了？」

「不過，這廣場似乎肚大能容，它一直靜靜

　　地在傾聽，也一直忍受著所有人的踐踏。幸
好有它的陪伴，我們才能在這裡相遇。」
　　「是的，你說得沒錯，我們能擁有這麼一座
廣場，實在是大家可以共享的福分，不是嗎?」

　　由此看來，從「街頭的哲學」到「廣場的哲學」，
我們思考的主題顯然是一道由小私邁向大公的歷
程，而我們從「道聽塗說」(「街頭」正是意見的溫
床)，輾轉走向「公共論述」(「廣場」恰提供給一些
人高談闊論)，其實是文明的一大進步，也同時是人
類心靈的一大提升——如此，公私之間便逐步地化
除許多不必要的阻障，而個人與社群之間，也因為
不斷有「他者」加入談話和議論的陣容，於是不斷
地鋪展成複雜的人際關係，而我們也便可以經由真
實的對話，在「我說，你聽」或「你說，我聽」的
對等關係裡，把那些真假不明，甚至空穴來風的意
見，轉化為可以相互印證、相互檢證的一些觀點和
論點。如此，所謂的「公共社會」便將逐漸成形，
而我們身在這廣場之中，也就不會被那些風言風語
所蠱惑。

　　在柏拉圖 (Plato, BC427～BC347) 的著作《理想

國》(*The Republic*) 裡，記載著他的老師蘇格拉底在街頭、廣場上與眾人交談的事跡，描述真善美在眾人辯論的過程中，越加明朗和清楚。而柏拉圖本人更是真理與智慧的信徒，為了建立公平正義的理想國度，他主張一個國家只能由智慧的化身——哲學家來領導。在哲學家的領導下，往最完美的理型世界前進，在那裡，人們可以找到最真的真理、最良善的善良、最美好的美麗、最永恆不朽的存在。但是由於一般人都不曉得有這樣一個美好的世界存在，哲學家只好不停的用言語和世人溝通、論述和辯論。

透過柏拉圖的記載，我們一同來了解蘇格拉底是怎麼詮釋靈魂，怎麼理解人生，又怎麼探討智慧與道德：

> 正義確如我們所描繪的，不過其目標不在人的外形，而在作為本來的我和人類確當護持的內心：正義的人不許其內心各因素互為干預，越俎代庖，而要為自己的內在生活建立秩序，當自己的主宰，訂自己的法律，由而取得自我的寧靜。當他把心內三種原則統合

一起——這些不妨擬之於音程上的高低中三部及其間音——重複來說,當他把這一切統合一起,不再是不同的許多,而成為一個全然有節、完美諧調的天性的時候,那麼,如果他需要行動,則不論是財產上的,健康上的,或是公政私事上的,他的行為,必能經常慮及能夠維繫這種諧調狀況,並且跟這種狀況合作的事物,把它們稱作正義的善行,也必把駕御這種狀況的品質,稱作睿智。至於在任何時候妨礙這種狀況的,他必稱之為非正義之行,而把控制非正義之行的意見,稱做無知。

（柏拉圖,〈國家與靈魂〉,《理想國》,

臺北: 聯經, 1980 年, 頁 205～206。）

在柏拉圖筆下,蘇格拉底認定「靈魂」有三個元素:

理性
欲求
義憤

而這三個元素必須彼此和諧有序，人才能成為完完整整的「一個人」。同樣地，一個完整的社會也必須進行分工，劃分階層，而讓每一個人都各有身分和名分，而各有自己的分內事，但所有的人又必須互助合作——發揮理性思考的治國者，滿足各種欲求的工人階層，以及充滿血氣之情以捍衛理性，以克制非理性的欲求的軍人，這三種人都為國家所需，亦為社會所不可或缺。因此，義與不義乃成為道德思考最重要的原則，「義」是人人各安其分、各盡其責、並自我節制，以保持靈魂的一體、完整與美好。

確實，「哲學」在廣場，哲學家現身在群眾之中，於是「哲學」便在對話之中生長，也同時在議論和辯論中逐漸茁壯。而我們對「哲學」和哲學家的期待，似乎對應著底下這「三階之論」：

第一階段：一生下來便會說自己的話，這是我們的能力。

第二階段：長大以後可以聽別人的話，這是我們的權利。

第三階段：走入生活的廣場和眾人一起議

論，則是我們的責任。

　　如此，由有能力而享權利，再由享權利到盡我們該盡的責任，「廣場的哲學」如是說，「屬人的世界」如是行，而一個個充滿人文氣息的社會如是成形，如是造就著一個一個的人。

哲學

在庭院

　　看來，我們還是得讓在廣場的對話中誕生的「哲學」寶寶快快長大，讓他在文明的滋養和心靈的孕育中，學習做一個人——做一個愛好智慧，樂於學習，並且心存良善、富有理想氣息的人。

　　因此，我們請「哲學」別再流浪街頭，別再流連於廣場，而要從莫衷一是甚至亂無章法的紛飛意見中，抽身而出。雖然，街頭的辯論讓這個好奇寶寶有學習思考的機會，並且學習接納別人的意見，但一個溫馨、寧靜而可以教人獲得充分休息的角落、一個完全不必擔心有唐突的陌生人闖進的平和天地——自家庭院，當是哲學這孩子最好的選擇。

　　庭院不必然深深，那裡至少有花有樹，有情有景，更有熟悉的人事物迎接著一身疲憊的人兒。除了像廣場一般大的空曠之地可以讓人大聲地發出肺腑之言，自家庭院的小角落同樣也能讓人細語對談。然而在一大堆話題中，到底能有多少真正的問題？

　　問一下亞里斯多德 (*Aristotle, BC384~BC322*) 吧！他可厲害了，他關心幾乎你所能想到的議題：倫理、政治、藝術、美學、物理、生物、天文、氣象、神學、形上學、知識、邏輯等，都在他的腦袋裡轉出龐大的完備體系，直到 *16* 世紀的時候，科學

家們還以亞里斯多德的理論為依據，在他的基礎上做進一步的研究。而他的倫理主張，不論時代、不論地點，只要哪裡有「人」，那裡就離不開他的主張——尋找「幸福」，透過不偏任何極端的中庸之道，謀求社會整體運作的平衡點。

在一路追趕著風、追逐著明暗不定的光之後，回到自家庭院裡，任誰都想暫時不去和一些無謂的「問題」糾纏，因此在「有問題，就有思考」的前提下，簡單自在地轉換出一頁頁生活新篇章：

有活力，就有新趣味；

有話說，就有新道理；

有人作伴，就有如花開、似草長的幸福圍繞而來。

的確，幸福就在身邊。庭院裡的人們，笑吟吟的圍繞著哲學這孩子，為他拍拍肩上的塵埃、整整飄散的秀髮。來一杯熱呼呼的牛奶吧！捧在手心的溫暖，是最適合話家常的時分了：

「哇！這院子真的好美喔！」

「是啊！所以我們從街上、廣場轉了回來，好放鬆自己緊繃的神經。而這院子正好可以讓我們來面對自己，面對怎麼也不該迴避的親朋好友。」

「嗯，這樣看來，我們又可以再來高談闊論一番了。」

「高談闊論？把它丟向門牆外吧！此刻，我們的身分就只是個人罷了！而個人，便得有些自知之明，有種清清白白的本質——它剛好適合我們和自己，也和自己的親友說些真心的話。那什麼『公民』、『國民』、『人民』或是『社會一分子』、『社會菁英』、『未來領袖』……不一而足的頭銜，全都可以摔落一地。孩子，就還自己一身清白吧！」

「說什麼『公民』、『國民』、『人民』，我都不懂；而我只知道：我本來就是一身清白，不是嗎？」

「對！本來我們都只是白紙一張，但那語言和思維卻自始便一直如影隨形般緊跟著我們，我們於是不再單純，不再幼稚，也因此不再有天真的笑臉。」

「不過，我在廣場上聽到有人說：怎麼把話說好、說得清楚，是一件很重要的事情。還聽到有人說：思考有助於我們的生活，有利於我們找尋人生的目標。」

「你說得沒錯，人們若是不會說話，或者不會用一些可以替代語言的動作、表情、訊息和符號，來溝通彼此的情感和思想，我們就不會是現在這個樣子了。還是在你這小腦袋裡，覺得無論世界怎麼改變，我們還會是現在這個樣子的人呢？在亞里斯多德看來，人是有理性的動物。而語言的使用，正是理性能力的一種表現。」

「嗯，我想知道你對人類社會和文明進化的一些看法，你可以為我簡單的說明一下嗎？」

「其實，人類所以能形成各種的社會，並創造出各式的文明，一方面是因為在『語言─思考─真理』的道路上，人人攜手奮勇前進；另一方面，則是因為人類似乎天生就有一股力量，讓他們不畏艱難，一起追求世上所有美善的事物。前者顯然是『理性』(Reason) 的工作──用語言思考，再在思考之中去發現

　　所謂的『真實』、『真理』和一切值得人人認
真對待的事物；至於後者，則已是所謂『道
德』(Morality) 的課題——它需要人人用心、
用生命、用盡自己所有的一切，來追求『美
善』、『公正』、『道義』，以及所有具有理想性
的事物。」

　　「公正、美善？好像很遙遠的東西！」

　　「是嗎？其實它們離你很近喔！別忘了，幸
福就在身邊，因為『家』便是最原初的善的
集合、愛的集合、美的集合。」

　　由此看來，「求真」的精神乃是人類文明進步的
原動力，而實踐美德、履行善良公正的原則，則足
以教人在相親相愛的美好關係裡，創造出理想的社
會。當然，也唯有在真與善相互締結連理的基礎之
上，我們才能如柏拉圖一心所嚮往的，活在真實不
虛的理想世界中，而棄絕一切的虛假、邪惡與黑暗。

　　那麼小院落與真、善、美，以及那源源不絕的
愛何干？當然相干，只是這院落依舊那麼幽雅！那
麼靜謐！那麼慷慨地包容在外流浪的人兒！家又豈
止是善的集合、愛的集合？家可以讓我們活出真實

的、理想的自我，只是我們不能只相信天性，只依
賴自然，只在祖宗餘蔭下享受那傳統的資源。我們
得好好修養自己，好好造就自己，而這便是家的好
處、家的功能──所謂「倫理」也就應運而來，道
德也就不再是空洞的觀念，因為家讓我們懂得生活，
懂得生命，懂得如何和其他人相處，並一起來創造
亮麗而飽滿的日子。

　　當然，庭院只是進入家的必經之地；而有些人
家並沒有庭院，一道門一扇窗便分隔了內外，也阻
擋了外人的窺伺和探望。本來「內外有別」讓我們
可以安身於這小小天地──這是人文鋪設的空間，
也是倫理如枝梗伸展的綠蔭遮護之地，而我們不管
從外面進來，或是從裡頭穿牆踏戶，這個足以讓我
們駐足片刻，而有一陣美好逗留的交會之所，其實
已提供給「哲學」成長的大好機會。

哲學
在穿堂

　　「等一下我們到客廳去,那兒有一些好東西!」
　　「好啊,我們走吧!」
　　「別急別急,可得先溜過這長長的穿堂才行。」

　　此刻,既然哲學已經過庭院,走在穿堂之中,
這座用文明、理性和倫理砌築出來的歷史大宅,正
準備露出些許端倪、些許徵兆,好勾引哲學的興趣,
使他的好奇心大發。

　　哲學可也不是省油的燈,他知道穿堂一定有好
玩的東西,於是興高采烈地、急切地往穿堂跨步,
想顯一顯身手來表現一下人類作為這已知世界中,
唯一能從事複雜思考者的能耐。

　　在此,有人開口說話,高音輕唱地吟詠著歡迎
之詞:

　　　「孩子,你覺得無聊嗎? 或者你以為這屋子
　　裡有寶藏等著你挖掘?」
　　　「你這一問,還真讓我難以回答,因為我從
　　來都不知道什麼是『無聊』,而且我來到這裡,
　　不就是要尋寶的嗎?」
　　　「哎! 孩子,要平常心。這世上或者『本來

無一物』，或者『萬般皆自在』，我們（不管大人小孩）都不必一天到晚疑神疑鬼，胡亂地猜那永遠猜不透的謎，或竟如無頭蒼蠅般尋那永遠尋不著的寶。」

「什麼？你說沒有寶藏？喔，我好失望喔！」

「別驚奇，你這天真的組合。就像這不要人停留過久的穿堂，我們走過了，它的責任就了了。而如果我們真的要去尋找什麼的話，那就來這麼一句：『走過就是活過，而活過就是真實地存在過，真正地快樂過。』不是嗎？」

「如果活著就是存在著，我們又幹嘛說什麼『無聊』？說什麼『快樂』？」

「且慢，且慢。你年紀還小，何況你才只走到這小小穿堂。你想一想，它兩頭都是『口』，不管是入口或出口，你都必須用你那小腳踏出你的路來——注意，走一步不是只為了落下一腳印，你該注意的是：你怎麼進來，又為什麼進來，而你的下一步到底是正踏向何方——那出口說不定是一個全新的入口在等著你呢！」

「聽你這麼一說，暗暗的穿堂也蠻好玩的，

前面後面好像都是入口，也都是出口。嗯，
那哪邊才是真正的入口呢？好像要視路人的
立場囉！」

也許，相對主義（認為一切的價值判斷，如好
壞、真假、善惡、美醜……，都不可能有絕對不變
的標準）是有它的用處，如同身在穿堂裡，孩子們
不必東窺西望，也不必瞻前顧後，因為那一條「人
走出來的路」，縱然看不見它怎麼迤邐，怎麼延伸，
我們仍然可以自己決定方向,自己控制個人的腳程，
而從街頭到廣場，從廣場轉入院落，再從院落信步
走入這穿堂，便直接印證「路是人走出來的」——
而不是「眼前有路不走，而竟走那不是路的路」。

「你看，從這穿堂的正中央往前後兩邊看過
去，是不是會被流洩進來的陽光刺了眼？那
流洩而入的光，就像是流洩而入的真善美，
引領著我們不自覺的往它的方向前進。新柏
拉圖主義的柏羅丁 (*Plotinus*, 204～269) 認
為，世界由『太一』這最高精神所產生，而
完美的太一是一切萬物的根源。但是當太一

與物質結合產生人類之後，人類的善就慢慢
減少，惡就慢慢增加，人類就此墮落，因此
必須向著善、向著最高精神淨化自己的靈魂，
如此才能回到太一之中。」

「原來如此。我被陽光扎了眼，可是卻好想
往光亮的地方走過去，光的地方就是太一現
身的地方嗎?」

哲學既在問答之間，也同時守候著細密的思維，
一針一線地織出真理的大網。此外，哲學一直在尋
找出路，一直經過「歷程」，走向目的地，即便目的
地不會只有一處一地，他仍然不停地尋找著。因此
我們愛「哲學」，也必須同時陪伴他的任性、好動、
無知、猶疑，以及各式各樣的不確定性與不可預測
性。

也許，所有的孩子都可以名喚「哲學」，而所有
的「哲學」都恍似不諳世故的孩童，仍然一逕地透
露著不宣之秘，同時一臉不經意地等待大人們的照
拂與安撫。

哲學

在客廳

穿堂有「穿堂的哲學」：給方便，給出路，給出無窮的希望，但它又同時要我們不能無端滯留，不能無理地提出要求，也不能四處窺伺別人的隱私——特別在這有著歷史與文明內涵的深宅大院。

確實，該隱則隱，當私則私。「隱私」者也，乃人權運動者的珍寶，也是所有人道主義者最關切的焦點。沒關係，就讓孩子們登堂入室吧！讓他們走進這深宅大院中最大之處——主人的起居室，探索更深層、更奧秘的世界。

主客交會，乃哲學原初之命運。本來，「家」就不僅是身體休息之地，它更是靈魂安養之處，是一處不分人我的和諧共鳴的地方。本來，沒有「主人」的存在，之所以會有「主人」出現於會客之室，即是因為有「客」自遠方來，「主」相對於「客」而開始存在：

　　「來者是客，請上坐。」
　　「謝謝！你真多禮啊！」
　　「哎！我們難得敘舊，就不必太拘謹。」
　　「這裡真的好安靜啊！就在這裡坐著談談心，再喝壺好茶，或一杯香醇的咖啡，可真是人

生一大享受。」

「是啊，說我是『主人』，其實，何『主』之有？在這裡，我能做的，便是和家人、朋友們一起過生活，一起享受生活，而這可不是要我來『主持』、『主使』或『主導』些什麼。當然，我一定得有自己的主意，來為這空間增添一些彩色、一些景致，甚至是一些怡人的氣氛。」

「主人啊！你說的很有道理。既然你不自恃做『主』，那我也就不是什麼『客』了。確實，從外頭走到這裡來，我們都難免身心疲憊，也難免會有點心煩氣躁；可是，只要『主』與『客』之間不對立、不僵持，不製造什麼緊張或嚴峻的形勢，你當我們都是一家人，那麼大家都以『哲學』為家，都以『思想』為宅，都希望能在靈魂安適的氛圍裡，真正地放鬆這一身，而讓心靈緩緩回歸安樂之鄉。簡單的說，一個不再主客對立，而且滿溢著主人和客人歡聚的笑聲的地方，就是靈魂最舒適的環境。」

　　沒一會兒,「哲學」竟在客廳裡玩了起來,玩累了,他什麼地方都不去了——其實,再走進去,便是臥室,裡面有舒服柔適的大床等著他;再轉個彎,便是隨時飄香的廚房,隨時準備供養我們這一身;「吃喝」不過是些簡單的動作,我們也只要求簡簡單單、乾乾淨淨的一張床,讓又渴又餓的身軀獲得起碼的滿足,也同時讓疲憊的身心和煩躁的精神能夠在躺臥閉目之際,像一棵青翠的小樹,不必再擔心被剪裁,不必再害怕樹腳下的泥土會流失,而放心地讓輕柔的風吹拂著枝葉花果,讓陽光照落一身的溫煦與舒泰。

　　由於客廳的氣氛實在太舒服了,彷彿回到母親溫暖的懷抱,「哲學」竟在這客廳的躺椅上睡得無比香甜,睡出一臉的稚氣與安詳,同時,睡出一個天真的夢、一個離奇的大夢:

　　　夢中,「哲學」化身為二。
　　　而本尊何在? 本尊無所不在,
　　　也無所謂「在」,因為有「本」
　　　就有「根」,而根是地底的路,
　　　而這路伸展向四方,擴延向四方

人卻仍在世上被「尊」，被「寵」，
被當成永遠的小孩——
哲學的化身，分明就是個稚氣未脫的小孩：
名喚「阿哲」。
「阿哲」性善流浪，流浪在東方，流浪在西
方，流浪在世界的兩端之間。

看著哲學天真的睡臉，打著輕輕的鼾聲，客廳裡的
大人們說道：

「你看，這孩子睡得真熟！彷彿天塌下來也
不會驚醒他。」
「但是又像是在沈思一般，小腦袋在想些什
麼呢？不知道他有沒有做夢？夢些什麼？」
「我說他一定在做夢。」
「你怎麼能確定他在做夢呢？你又不是他，
怎麼知道他有沒有做夢？只有他自己才知道
他自己有沒有做夢。」
「好吧！那我問你，你現在是清醒的，還是
在睡夢中？常常我們被夢境中的鬼怪，嚇得
屁滾尿流，醒來後出了一身冷汗，魂不守舍。

　　之所以這樣，就是因為我們分不清楚現實與
夢境的差別。請問你在夢中的時候，你知道
自己在做夢嗎？你現在能夠告訴我，你現在
是在現實世界，還是在夢的世界？」

　　「嗯，我在夢中的時候總是以為自己是清醒
的。雖然我覺得自己現在是清醒的，但是我
卻沒有十足的把握。會不會我其實是在夢中？
這問題太難了，怎麼會有人對於做夢這件事
情太過認真呢！我看我們還是換個話題吧！」

可是真正的哲學家卻會繼續鑽研下去，「近代哲學之
父」笛卡爾 (René Descartes, 1596～1650) 甚至從
「夢」開始，從「夢境」的討論，證明了自我、世
界、身體、理性與靈魂的真實存在，道出了「我思
故我在」(Cogito ergo sum; I think, therefore I exist.) 這
響徹雲霄的名句。他以「懷疑」見長，把懷疑當作
是思維的態度和方法，因此由「無所不疑」到「有
所不疑」，建構出完整的哲學體系：樹根是形上學，
樹幹是物理學，而樹枝則是各色各樣的科學，包括
力學、醫學及倫理學等。

　　但是笛卡爾在證明「我思故我在」的時候，劃

出了意識與物質無法跨越的界線，使得心與物二元相對立，將自我的意識放在「主」的一邊，將非意識的物質放在「客」的那一邊，從此主客就對立起來，不再融合在太一的觀照之下。

　　分成對立二元，也就無法溝通了嗎？先別管笛卡爾，先回歸到客廳吧！談天的大人們既無人自稱為「主」，又何必有人自號為「客」？只要相遇在此時此刻，即是幸福的開始，即可融合在一起，何必再區分主客關係，徒擾得一身煩憂？將溫暖的相交放在心田，如此一來，主客對立的緊張、隔閡與矛盾，自然就被丟到窗外，丟向人聲沸騰的喧囂之中。

哲學

在海邊

　　話說阿哲，這個哲學的分身，自從夢中誕生之後，便一溜煙地往外飛奔，一口氣越過平野綠疇、山林田園，終於來到大地的邊陲、人群的盡頭——那裡，大海正迎接著他。大海問他為什麼出現? 又為什麼流浪? 而他一時之間竟不知如何應答。

　　哎! 不必應，也不必答，因為大海本一無所求，它不過是問了每個人都必須捫心自問的問題。阿哲憑藉一股來自想像的內發之力，終於有機會高分貝吶喊，盡情地傳送出自出生以來最為動人的聲波:「我為什麼存在? 我要往哪裡去?」蒼天無語，只是溫柔的以清風輕撫他的臉龐，將他輕輕柔柔地托起，又放在恰似一團團棉絮的沙地上，讓他在仰望湛藍的天空之際，仍受到最溫柔的照顧。

　　阿哲一心嚮往遠方，因為他所以從那座城出走，便是被繽紛的希望所牽引，便是不願再落入「自我」的思維所構作的藩籬。他望著海的盡頭，卻還想往更高更遠的方向前進。他的目光飄向海鷗停泊的石頭上，看見一名身穿灰衣的男子，他身材高瘦，兩頰微凹，彷彿海風一吹，就會被吹走一般的脆弱。

　　阿哲對他十分感興趣，直盯著他瞧。而這名男子對阿哲的注視似乎不太在意，逕自撿著貝殼，若

有所思的在沙灘上漫步著。

「先生，你為什麼要撿拾貝殼呢?」

「因為我在貝殼裡，看到我的神，我那至高無上、完美自由的神。」

「神? 祂的身體一定很小，不然不能塞進這小小貝殼。」

「你說得對，也說得不對。我的神是因為太大了，只好在所有小小的萬物上面，展現祂自身。世界上每一個局部，都彰顯著神，因為你只認識到這麼小的範圍，所以才會以為祂很渺小。」

「你的神到底在哪裡? 可以讓我看一下貝殼嗎?」

「想找祂還不簡單? 祂就在你的身體上、靈魂中。」

「在我的靈魂裡? 你說什麼，我搞不懂。你又是誰? 我是阿哲，從那邊的城鎮來的。」

「我叫斯賓諾莎 (*Baruch Spinoza*, 1632～1677)，是個磨鏡片的工人。」

阿哲和斯賓諾莎邊走邊聊,走到斯賓諾莎家中,看到成堆如山的鏡片以及厚厚的灰塵,散布在他家中的每一個角落。空氣中彌漫著薄薄的煙塵,讓人不自覺的打了一個大噴嚏,卻又揚起更多灰塵,令阿哲眼睛都快睜不開了。

「哇,好多鏡片和⋯⋯哈⋯⋯哈⋯⋯哈啾⋯⋯和灰塵?」

「因為我被猶太教會驅除了,也受到基督教的排擠,所以只好到海邊靠磨鏡片餬口飯吃。磨鏡片會產生很多碎石和塵埃,不好意思,讓你不舒服了。」

「為什麼教會要驅除你?」

「因為我對神的看法和他們不一樣。」

「可是你不是說,你的神存在於世界上任何一個角落,你為什麼不向祂祈求,讓祂照顧你?」

「孩子,我們都是神的一部分,所以應該是由我們好好照顧自己,才能把神存放在我們身上的特性,完善的展現出來,這樣才算是朝著神的方向走。每個人都應該好好照料自

己，自己好，整個社會才會跟著好。這樣才
能得到真正的幸福。」

「那你現在覺得幸福嗎?」

「是的，因為我每天都很認真的磨鏡片，鏡
片對科學研究很有幫助，對人類很有幫助，
所以我每天都能幫助社會。而且在磨製鏡片
的時候，彷彿將自己的內心擦拭得乾乾淨淨，
思緒也就越來越澄澈，也就越能看到大大小
小的萬物都有神的存在，這一切讓我覺得自
己幸福極了。」

看著眼睛發出溫暖又堅定的光芒的斯賓諾莎，阿哲
覺得他真是酷斃了! 在佩服之餘，阿哲突然若有所
思了起來，眼光漸漸的飄向了遠方。啊! 遠方在望，
遠方在眼底變出無盡的風光。阿哲分明在等待，在
這海陸交會之處。而阿哲到底在盼望什麼? 在等待
什麼?

「孩子，你在找東西?」

「嗯，我在找一個我現在還不是很清楚是什
麼東西的東西! 因為我還不知道它是什麼，

　　　　所以感到空虛。因為我不知道哪裡可以找到
　　　　它，所以只好到處流浪。」
　　　　「我知道我這小小的屋子沒有你要的東西，
　　　　不妨我們再到外邊走走，或許可以提供你線
　　　　索，找到你的『那個東西』。」

　　看啊，海陸交會處總有奇景；而那海岸線蜿蜒
而來，迤邐而去，它彷彿是「已知」和「未知」長
長久久的商量，而人在岸上，水在岸外，面對大潮，
又有幾人識得這大海的真面目？又有多少人認得那
水平線外隱約發光的底細？或許，或許那裡有阿哲
想要的「那個東西」。或許吧！

　　小小阿哲在大海的邊緣，眺望那迷迷茫茫的遠
方，阿哲有的只是疑問、困惑以及妄想展翅高飛的
無稽之念：

　　　　「人難道只能踏著這兩隻腳行走在陸地上？
　　　　說不定可以走上海面呢！」

　　我們還是得請哲學家說說話，讓阿哲想法踏實
些。哲學家又是怎麼說的？而若要哲學家說得明白，

講得清楚，就不能一味地仗恃言語，或只在意那一堆堆的符碼。

> 「海上或許有你在尋找的那個東西，但是在我的想法裡，陸地上也有找到它的機會。你要不要先從陸面上的大小古蹟開始，將人文世界探索一遍之後，再往海上發展？」
>
> 「喔，你是說，我的尋找應該先從身邊的事物開始？」
>
> 「沒錯。」

阿哲想了想，覺得斯賓諾莎的話有道理，或許最重要的東西，就在我們身邊。被點醒之後的阿哲，頓時放鬆了起來，興起玩耍的童心，開始在沙灘上嬉遊，同時沿著海邊落下自己小小的腳印子，一逕地讓海水浸溼自己的小褲管。此刻，哲學家似乎只能在言與不言之間，暫時下個休止符，而讓這陸地和海洋的交接之處，緩緩地延伸，也同時細細地道出明明白白、清清楚楚的海闊與天空。

　　忽然，在阿哲耳邊有言語緩緩傳來：

北北西的陸地仍然酣睡，
而這南南東的海岸竟早起似鳥。
嘰嘰喳喳為哪樁?
天地有事? 天地本無動靜，
而哲學家要我們為未來而歡慶。
不是為過去——過去早已過去
而那神話的版權竟掌握在「未來」的手裡。
Live in hope! Blissful moments!
哲學家如是祝願 —— 尼采 (*Friedrich W. Nietzsche, 1844～1900*) 如是叮嚀著我們。

在這海藍、天清的交接之地，風裡摻著桂枝香，薰染著人類原初的心靈，此刻阿哲準備起身，尋找那魂牽夢縈的「它」。

哲學

在平原

　　阿哲隱約知悉:風從四面八方吹來,而人則往四面八方走去。抬眼望啊!那遼闊的平原拉長我們的視線,拓寬我們的視野,面對綠色平原竟也像對抗大海一般,讓人心生敬畏,感到渺小。雖然阿哲對自己的腳程很有信心,卻也不敢造次妄為的企圖征服一望無際的大地。於是他慢下腳步,輕鬆地在一處水澤小歇片刻。悠閒之際,發現那隱沒於蔓草荒煙中的小徑,原來是被人踩踏出來的。阿哲好奇的想:「不知道這些腳印是誰的?他們在這片大地中做些什麼?」就在此時,小徑中走來一個帶著黃狗的農夫,他們也到這水澤尋找清涼的水源。

　　「孩子,你怎麼一個人在這裡呢?家人呢?」
　　「我在找東西,我猜想它會在這裡。」
　　「找到了嗎?我的小黃狗可以幫你的忙。只要有牠在,森林的松露、鄉間的野兔都可以一網打盡。」
　　「呵呵,不要舔我啦!牠真可愛!我的臉都濕掉了啦!」
　　「牠每天跟著我跑來跑去,說真的,有了小黃狗我一點也不孤單。」

「孤單，我從來不覺得孤單。可是聽你這麼
一說，我竟茫然了起來，甚至還覺得有點孤
單……」

「孩子，你怎麼了？害怕了嗎？」

「其實，我不是在怕什麼，而是心底彷彿有
種無名的顫動，竟使得整個身子不自覺地顫
抖了起來……」

「哎！依據我的朋友尼采所說，這是所謂『焦
慮』的表現！而焦慮卻沒有特定之對象，它
彷彿從我們的心底直直冒了上來，而且不斷
地向四面八方擴散，竟渲染了一地的灰暗、
朦朧，甚至是教人難以承受的深沈、黝黑。
是吧？是這種感覺吧？」

「沒錯，正是這種不安。」

「尼采跟我說，這樣的焦慮感時常侵襲著他
的內心，尤其當他一個人的時候。」

　　此刻，原本童稚的阿哲的臉龐竟變得有些老成，
彷彿是個早熟的少年，平靜的傾聽農夫說起他朋友
尼采的故事。農夫站直著身軀，用「我看」、「我聽」、
「我想」、「我要」……等文字，帶出口號來：

「我看這平原遼闊，就自個兒往前走吧!
別怕! 別怕! 有「我」在，你就不會孤單。
我聽這風聲細細，誰又能充耳不聞這自然的
音籟?
除非你和我竟在風裡走丟了方向。
我想那遠方正向我們緩緩移步，因為一切都
有了消息。
而這裡原本就有不少值得我們留意的情事。
我要你用心想想自己，想想自己是不是真正
地活過;
我更要你什麼都別想，除非你真正地想出什
麼名堂。」

原來，尼采是一個高揚強力意志、歌頌超卓精神的
激情的哲學家，他以近乎狂妄的姿態，大聲疾呼地
催促世人努力成為「超越自己」的「超人」，千萬不
要被捆綁自己的束縛所侷限，而要掙脫枷鎖、提升
自我、超越再超越。在尼采看來，人生必須經過「精
神三變」的階段──一變為忍辱負重的駱駝，再變
為勇猛無比的獅子，三變為純潔無邪的嬰兒，才能
回歸最真實的自我。但回歸了自我，自我又該到哪

裡去呢?整個西方世界以基督宗教為最後的皈依時，尼采他竟用一句「上帝已死」的口號來和整個西方文明對抗，彷彿丟下一顆原子彈般的震盪著人類文明。

農夫對於尼采被世人誤解這件事情始終耿耿於懷，他說:

「以前，我們都很年輕，我們常常帶著糧食到這片廣闊的平原上漫步，他總是興高采烈的跟我訴說這世界的美好，並且想盡辦法想要提升世人的幸福。其實超越自我本來就是很積極正面的態度，成為一名『超越自己的超人』有什麼不好，真不懂那些反對他的人為什麼要批評他? 那些攻擊他的人，真的知道尼采話中的意涵嗎?」

「那他現在人在哪裡? 我想去拜訪他，或許他可以幫我找到我想要找的那個東西。」

「孩子，恐怕他幫不了你的忙。他在精神病的折磨下，已經過世了……」

原來，哲學家是這平原的過客;原來，任何人

都只是這平原的過客。平原上，光從天上來，黑暗
也同時由四邊圍攏過來：

　　　　光明在望，望眼欲穿的是我們的心;
　　　　黑暗澱底，永不熄滅的是我們心中的愛。
　　　　而在光明與黑暗之間游移不定的，
　　　　卻是我們那善於懷疑也精於算計的大腦。

當然，哲學家的出現，一點也不稀奇，任何行走於
平原之上的人，應當會發現：那一望無際的原野是
很適合思考的——

　　　　原來哲學在遠，也在近;在左，也在右。
　　　　哲學樂處光明之地，不懼黑暗
　　　　那讓人分辨不清形狀與顏色的所在。
　　　　因此，讓我們昂首前行吧!

平原就彷彿那柔柔軟軟的地毯，鋪展出無限美好的
風光。若我們再進一步探究，將發現：從已知的世
界到未知的世界，其間的界線其實不易分辨。因為
平原在搖身為「生活世界」的墊腳石之時，它又何

嘗故步自封？又何嘗自立藩籬？又何嘗壁壘分明？

　　因此，平原開闊，正適合我們心靈自我之哺育，特別在如茵綠草的護持之下，它自始便坦然地展現它所有之蘊藏，恰似我們思想自我之動作——所謂「思想之動作」，其實是我們生活之樞紐，它時時刻刻下著指令，它是那永遠不厭倦於「自我回饋」的美妙軟體。此外，平原卻不輕易地自我暴露，縱然陽光普照風光明媚，它仍然利用每一次的暗黑，進行自我涵養。

　　哲學家也同時在過去與未來之間的拉力與張力之中，兀自尋找那平衡而穩定的狀態，而因此隨時保有自我校正、自我反思與自我超克的力量。他們確實有著滿腔的熱情，同時有滿腦子的「思想」（思而後想，想而再思……如此循環不已，直如那跑馬之燈閃爍不停）。然而，「思想」若作動詞，它和「事實」之間其實並沒有確定的或固定的關係。當然，所謂「事實」是一直被思考著，而只有在「思想」成為名詞之後，人們才可能運用概念和理論，兀自編織出一襲介於具象與抽象之間的心靈的外衣——這便是某些哲學家執意披上，同時也是一些哲學家刻意要脫卸下來的。

這平原躺臥如毯，也許，它要我們放心地把全副身軀的重量擺在它上面，自在安穩地……。

哲學

在夢境

　　我們的「阿哲」躺臥在平原上，仰望天空中飄搖的朵朵白雲，微風陣陣吹拂，舒適得讓他閉起了雙眼。咦！那是誰？有個小孩睡在客廳的角落，廳中還有其他大人在暢談著，雖然小孩的周遭喧鬧不止，但他的嘴角卻泛起微微的笑意。他做了好夢吧？他夢到什麼呢？阿哲好奇的向這個小孩走過去，想叫他起來陪自己一起玩。

　　「你起來啦?」
　　「剛剛有個小男孩一直搖著我，他人呢？他的頭髮是黃色的，很捲，鼻子和臉頰上還有不少小雀斑。」
　　「小男孩？沒有看見啊，這邊只有我們幾個人。」
　　「我還想跟他說說，我做了什麼好玩的夢。」
　　「那你夢到什麼啊?」
　　「在夢中，我在海邊碰到一個磨鏡片的工人，他叫斯賓諾莎，他人很好，可是很落魄。在大草原上和小黃狗玩，這小黃狗的主人是尼采的好朋友，他說了尼采的故事給我聽。原本我想去拜訪尼采，可是很可惜的，農夫說

尼采已經過世了。」

「哲學」很快地從夢中醒來，意猶未盡地回味著那五顏六色的場景：

夢是大腦變現的——但它卻不是尋常的幻覺，
夢是心靈滋生的——但它並非空穴來風，
夢裡無奇不有；不過，什麼人，做什麼夢，
卻總是有跡可尋；什麼遭遇，便有
什麼夢伴隨，而彷彿陽光穿越烏雲
落下的是明暗不定的光暈
以及不再熾熱的氣溫——
夢裡還是有四季？也許，
夢並不是我們製作得來的，
因為它如春風、夏雨、秋月與冬雪，
是那麼自自然然！
那麼縹縹緲緲！
而我們竟可以出入其間，或坐或臥，
或醒或睡地與它同在。

顯然，能夠明明白白、清清醒醒地說著話、做著事，並且和別人一起生活的人應都不是「夢中人」，縱然我們偶爾會做一些夢，甚至做的是「白日夢」，我們還是得擁有一套套生活的裝備，來面對所有真實的事物、人物，以及這真真實實的世界。

　　哲學家依然有夢。只有莊子（莊周，*BC369*～*BC286*）的真人例外：

　　　　古之真人，其寢不夢。

（《莊子‧大宗師》）

「無夢」顯然已是一種境界、一種精神的境界，而不是生理學家能夠藉腦波的活動予以量測的生命現象──其實，「不夢」也不是什麼現象，因為那「不夢」的真人，事實上什麼都沒說，什麼都不必說。

　　古有「占夢」、「卜夢」，但那些預言家卻始終徘徊在夢境的邊緣，他們是一直清醒地說著「夢話」。而哲學家一樣有「占夢」與「解夢」的本事，只是哲學家的「夢話」另有一番意趣──這可是預言家夢不見，也想不到的：

夢中說夢兩重虛

（白居易，《讀禪經》）

這可是在「人生如夢」的描摹之中，再輕輕渲染上的幾筆彩繪，然而，哲學家卻不只在現象中討生活，他們發出如此之豪語：

言下忘言一時了

（白居易，《讀禪經》）

言而忘言，忘的是虛張聲勢、浮華不實的假話、廢話、空話與一堆堆的夢囈。

　　莊子曾經歷了這樣一場似夢非夢的場景：

昔者莊周夢為蝴蝶，栩栩然蝴蝶也。自喻適志與！不知周也。俄然覺，則蘧蘧然周也。不知周之夢為蝴蝶與？蝴蝶之夢為周與？

（《莊子‧齊物論》）

有一天，莊子睡著後，夢到自己變成蝴蝶，飄飄然的就像一隻真蝴蝶，完全沈醉在翩翩飛舞之中，根

本不曉得有莊周這號人物。忽然間夢醒了，實實在
在自己就是莊周。真不知是莊周夢做蝴蝶? 還是蝴
蝶夢做莊周呢? 這問題就像是無底的黑洞，既困擾
又牽引著每一個做過夢的人的思緒。到底「做夢」
是怎麼一回事? 雖然佛洛伊德 (*Sigmund Freud,*
1856～1939) 做了夢的解析，但我們還是要問:

> 如果「夢」是千真萬確的心靈的現象，那麼
> 我們又怎麼老是以為「夢」是假的，而一直
> 設法要從「夢」中脫身而出?

笛卡爾的「夢的論證」(*Dream argument*) 這樣說道:

> 經驗告訴我們: 那些看來真實無比的感覺有
> 時候會欺騙我們。因此，我們應知道: 任何
> 人只要欺騙我們一次，我們就不應該完全信
> 任他。因為即使像是「我正站在爐火旁邊」
> 這樣表面看來極其明確的判斷，也有可能是
> 錯誤的，理由就在我的理智並無法保證我當
> 下的經驗不是一個夢。

是耶？非耶？夢耶？非夢耶？笛卡爾的夢恍似一面
鏡子——那上古仙人有面「照妖鏡」，而哲學家手持
的則是「照夢鏡」，它明明白白地照映出夢裡夢外那
道搖搖擺擺的動線，而這動線總在我們的懷疑之中，
也總在我們那無可懷疑的清澈見底的心裡：

> 無論如何，我們絕不能再懷疑一些「清晰而
> 明白」的真理，因為，不論我是睡還是醒，
> 是在夢裡還是夢外，二加三仍然得五。

即使任何人在做夢，「真理」也不可能被扭曲和改變。
因此，笛卡爾一方面向他所熟悉的數學討教，突顯
了數學真理不會被夢境所干擾、破壞。另一方面，
他可以假想有一個欺騙我們的惡魔，牠用精準的設
計來戲弄我們的感覺，把我們推落極度不確定、充
滿懷疑的深淵。笛卡爾的反向操作，向吾人追求知
識過程中第一個不容懷疑的真理——思考者（我）
的存在，給予最熱切的擁抱。笛卡爾如是說：

> 不管惡魔怎麼欺騙我，牠永遠無法讓我不存
> 在；而只要我意識到「我」是某種存在物，

......，我是、我存在，便是確定的，只要我
思考......。

顯然，只要我思考，我便如實存在、如此存在，如
此千真萬確地存在。笛卡爾的名言於是如清晨的露
珠般滴下：「我思故我在。」

即使是夢，仍有不容忽視的力量，促使哲學家
不斷的思索著。

佛法以為人生如「夢幻泡影」，一切非真，而「非
真」又真的是「假」嗎? 這世上有一些特別的事物，
它們「假得很真」，有些則「真得很假」。也許，莊
子的「真人」才真的有資格說夢解夢。不過，既然
無憂無夢，真人又與「夢」何干?

也許，哲學家不妨有夢，但他一定得清醒過來，
而後在清醒之中做出「思想」來。

哲學在睡眼惺忪之間探出頭;
哲學在光燦明亮的觀念裡現了身;
哲學終究可能因為我們的偷懶，或無來由的
疲憊，而又渾渾然躺下去。

哲學
在市場

　　說凡人皆自有其主見，甚至是偏見，似乎一點
也不為過。因此，為了誠實面對這樣的現實，並同
時接納每一個人作為一個「主體」(*Subject*) 的基本立
場，哲學家於是把這些所謂「見仁見智」、「人言言
殊」、「公說公有理，婆說婆有理」的各種表述
(*Expression*)、陳述 (*Statement*) 與論述 (*Argument*)，
都當作是無可迴避的「先見」、「前見」與「預見」。
因此，在寓含民主風度與自由精神的現代社會裡，
運用比較中立也比較超然的觀點，來為那些可能引
發爭議，甚至可能肇致衝突的思想、文化與學術的
交流活動，建造一個開闊、廣大而深遠的平臺，便
理當是一項值得期待的文明的表現。

　　因此，哲學家在相當程度上，是確實該有領導
者的一點樣子，他們顯然不能錙銖必較，不能吹毛
求疵，不能小鼻子小眼睛地一天到晚如巡狩者一般，
把任何過路客都當成「可能的小偷」看待。當然，
邏輯是思考的基本功，語意分析更是有效的工具；
但如果一味地落入概念的形式思考，以為有了某一
種形式化的語言，或是某一類的思維網絡，便可以
將情感、價值與真實的意向全盤剔除，而因此在知
識天地中放肆而行，那也許就是一種狂妄、一種無

知了。

　　確實，知識的果實誘人，學問的光環也總教人心醉。但是，在果實上市，光環未現之前，默默耕耘絕對是每一個誠實篤實的知識生產者與觀念啟蒙者，不能不矢志以赴的唯一事業。因此，一味地「得少便足」，而以為有了「形式」便可掌控「內容」，有了「理論」就能指使「實踐」，有了一些生活的策略，便能夠全面轉動生命深沈之力道⋯⋯，如此一般地見識，可就顯得不夠智慧囉！

　　　　「我們要出門去買東西，你要一起去嗎?」
　　　　「當然要囉，我哪兒都想去看看！我在客廳睡了好久，睡得腿都麻了，人都呆了，況且我想嚐嚐外邊那甜膩的小點心，當然不能放過這個外出的好機會。」
　　　　「呵，那就一起走吧！」

哲學跟著大人們來到市場，在喧囂吵雜的市集中，站著一個眼神炯炯、聲音嘹亮的婦人，她爽朗的叫賣著。

「阿水嬸，妳今天摘了什麼菜來賣？」

「只有甘薯葉。哎！這些日子來陰雨綿綿，水分是夠了，陽光卻不足，因此韭菜長不高，花椰菜也開得不夠大，就只有甘薯葉還是那麼綠，那麼嫩！」

「喔！水分加陽光，可是絕配呀！」

「說得好！這些從土地長出來的東西，可不能被瞧扁，因為它們一樣是生命，一樣有感覺。說真的，只要我經常去看它們，甚至在拔草的時候，順便摸摸它們，它們就好似我的孩子般，個兒就一直往上拉，往上抽……」

「阿水嬸，雖然妳沒念什麼書，但是妳真有知識。」

「哎！小時候家裡窮，哪有閒工夫去讀那些『冊』？咦，這孩子我怎麼沒看過，是你家的小孩嗎？」

「說來有點話長，總之他現在住在我家。」

「他看起來挺伶俐的，嗯，成熟的像個小大人。」

「阿水嬸，妳好。請問妳在這市場賣了幾年菜？」

「我在這裡已經有三十年的資歷囉！看著市場的人來人往，也看著像你這麼大的孩子，慢慢茁壯、成熟。」

　　原來市場裡有寶藏，就如礦石暗藏美玉般，你得仔細瞧、仔細聽，並用心思去作深一層的理解與詮釋，這個時候，「分析」的本領就可派上用場了。而「分析」並不在破壞什麼，而是要做一些足以成全生命、並重組再造這個世界的工作。看看阿水嬸那一段談話，其中便有一些深富哲學意味的觀念和問題：

　　生命成長，需要什麼條件？

　　「生命」的意含究竟為何？

　　人與其他生命之間，真的能相互溝通嗎？

　　而「溝通」又到底需要什麼樣的媒介、什麼樣的語言？

　　「有知識」和「會讀書」之間能夠隨便劃上等號嗎？

　　而什麼是「真知識」呢？

　　什麼人才是真正有知識的「知識分子」？

　　這些問題當然還算不上是嚴格的哲學問題。但什麼問題才是「嚴格的哲學問題」呢?

　　　　——對蘇格拉底而言，嚴格的哲學問題是:
　　　　「知識」為何物?
　　　　而「道德」又是什麼?
　　　　——對柏拉圖而言，嚴格的哲學問題是:
　　　　「理型 (Idea)」存在於哪裡?
　　　　而「理想國」又能如何實現?
　　　　——對康德 (Immanuel Kant, 1724～1804)
　　　　而言，嚴格的哲學問題是:
　　　　時間與空間都是客觀的存在嗎?
　　　　而道德的判準又如何能合法地建立?
　　　　——對尼采而言，嚴格的哲學問題是:
　　　　「超人」長什麼樣子?
　　　　而意志作為生命本有之力量，又到底能
　　　　發揮什麼提振人格與人生的作用?
　　　　——對維根斯坦 (Ludwig Wittgenstein, 1889～
　　　　1951) 而言，嚴格的哲學問題是:
　　　　人類語言是否有一些共通的規則?
　　　　而「意義」又到底能如何被表述出來?

　　也許，「嚴格的」就是「真實的」，「清晰的」也應是豐富而有趣味的。哲學家當然是人，他得吃喝，也得玩樂，得行走在街道上，得走入市場，走入人聲喧嘩之處，去和那些並不常作哲學思考的人打交道，去仔細聽聽如同阿水嬸直截了當的言語。

　　相反的，有哲學家對於市場與寶藏有另一番理解。英國的培根 (*Francis Bacon, 1561～1626*) 發現一般人之所以對真理認識不清、對真理有錯誤的偏見，主要是因為他們往往落入底下這四種「偶像崇拜」的迷思：

　　㈠以「自我」為偶像
　　㈡以「種族」為偶像
　　㈢以「市場」為偶像
　　㈣以「劇場」為偶像

　　其中以「市場」為代表的偏見和謬誤，培根說這是出於「錯誤的和混亂的使用語詞」的關係：一旦將根本不存在的東西當做存在的，並且建構關於它的理論，勢必影響對真正真理的認識；若是語詞所代表的意義總是模糊不清、模稜兩可，那麼我們

又如何能透過溝通來正確的認識事物呢? 但是，市場到處可見人云亦云、生事造謠、二人成市、三人成虎、以訛傳訛、繪聲繪影、以假亂真、無中生有的情事，除了可能有贗品充斥外，還可能漫天喊價，亂了斤兩。這些行為顯然已經違背道德的要求，並將信用與公道全踩在腳下。所以若是將市場上得來的資訊都當作是真的，只會害得人們和真理越來越遠。

　　但是，我們卻又不能不在「假如整個社會就是一座市場」的假設之中，思考底下幾個問題:

　　　㈠買賣雙方之間，如何容得下公平、信用與正義?

　　　㈡所謂的「度量衡」，除了用來做計量、計價的判準外，它還可引發什麼人生的啟示?

　　　㈢到底我們該對商人、顧客與觀光客（光看不買的人）的三種身分，做出什麼樣的評價? 而哪一種身分最能讓人感到自由自在的愉悅?

　　　㈣我們又如何能在吵雜之中，辨認出富有獨立思考而不再盲從附和的言語?

㈤而若市場乃世上必然會出現的所在，我們也不必然會有「市場的迷思或偏見」，那麼我們又該如何發現在擁擠甚至推擠之間，我們的身影所可以照映出來的「一個人」的真實的形象？

　　以上這五個問題，涉及倫理學、語言哲學、思維方法（邏輯）、社會哲學，甚至政治哲學等知識範域，在在值得深入思考。而在如此這般的生活經驗持續地醞釀之中，我們其實不必一頭栽入上述所陳列的專業的哲學論域，因為哲學的應用與實踐本來就是家常便飯，只是人人「日用而不知」──除非「哲學」被過度抽象化、理論化；否則，那「公平、信用與正義」自始就與我們這生活世界不即不離，而「度量衡」作為一種工具，卻也同時暗示人生還有不少非工具性的思考、心靈與生命的存在。此外，不管以哪一種身分行走於市場，我們其實都有同等的機會為自己尋找到生活中快樂與幸福的因子。至於在人聲喧嘩之中，如何不斷地恢復清晰且犀利的聽覺，破除盲從的陋習，從迷思與偏見中破殼而出，大概就是我們身為「一個人」的基本責任吧！

哲學

在教室

就一般情況看來，一個成長中的孩子總是教人滿懷希望，也同時教人擔心不已——阿哲呢？阿哲哪裡去了？

人來人往，哲學和大人們漫步在交易絡繹不絕的市場中，一邊看著小販熱情的招呼客人，一邊觀察文明進展的點點滴滴。學習是哲學最喜歡的活動了，在觀看和學習中，他越來越認識這個世界，而每當他越認識這個世界，他就對世界越感到好奇和期待。終於他開口問道：

「為什麼世界會是現在這個樣子呢？人們用語言交談、組成一個團結又各自獨立的整體，有善惡的標準，還有美麗的宮殿供奉著偉大的神明。人類世界一定會變成這樣嗎？還是有其他可能的發展變化呢？」

「孩子，你的問題很好，但是太難了，我們無法回答你。不如這樣吧，我們帶你去一個可以讓你充分發問的地方——學校，那裡有人可以讓你盡情的發問。我想，他們應該可以滿足你的好奇心。」

　　於是大人們帶著這個好奇寶寶來到市場附近的學校，將他先安置在其中一間教室裡，要他先在教室裡等著，他們去跟校方討論入學的事宜。一個人坐在教室的座位上，從窗戶向外望去，遠山的森林鬱鬱蔥蔥，窗邊還有小松鼠跳上跳下，好不熱鬧。等著等著，這孩子不敵瞌睡蟲的到訪，又打起了個大盹。忽然一聲大響，「噹」的嚇走了瞌睡蟲，阿哲於是從夢中驚醒了！

　　鐘聲響畢，一位面容和善的中年男子走進教室。阿哲環顧了一下教室，發現到處坐滿了學生。大家看著這位中年男子，聽他說道：

　　　　各位同學早，很高興你們從四面八方來到這
　　　　間小小的教室。這教室安安靜靜，完全不同
　　　　於外面那亂哄哄的市場，而可以讓我們仔細
　　　　來傾聽自己內心的聲音。

　　這一位老師如此真實的感受，緣由無他，只因為他長久以來，一直在門裡門外進進出出，親眼看到不少年輕人有說有笑地結伴進來，各自找了一個座位，然後在將近一個小時的時間裡，安安靜靜地

聽一堂課，除了心中有疑問時開口說出自己的想法
外，他們那專注的態度總是讓這一位老師讚歎——
讚歎這教室的魔力，讚歎這課堂的法力，並且還可
能為自己教書的功力，油然生出一種滿足的喜悅。

　　本來，身處市場之中，我們還是可以在鬧中取
靜，於眾人之中小心看顧著自己，讓自己帶著收穫，
心滿意足地走了出來。

　　如今，身在這截然不同的空間，身在這迥然相
異的外在世界，這群年輕學子分明為了知識與學問
而來，他們又怎會輕易地將這二、三十坪大的房間，
鬧成市場，鬧成必須費心尋找一個個自我的所在?

　　當然，教室的氣氛往往是嚴肅的，也不必然適
合哲學家高談闊論。因為哲學家的第一要務——尋
找自我，可不必大費周章地弄出一個處所，也不用
刻意安排一種場合，只要他們心頭一顫，眉頭一緊，
或者輕輕地用手拊著臉頰，微微地闔上眼睛，那一
連串的「思想」便彷彿從地層底下汨汨湧出的泉水，
漱石而流，清澈無比。雖然「思想」原只是個動作
（一般而言，都被認為是我們腦細胞的動作），但它
卻總是在動靜、明暗、內外與上下之間來回激盪，
教人心頭如那泓清泉，總是蕩漾著光與影——「光」

是思想燦然開放的花朵，「影」是思想若隱若現、耐人尋味的點點滴滴所凝聚而成的半透明之物，它讓人無以名之，就姑且模模糊糊地喚它作「光的失落」吧！

　　於是那老師開口說話了！說得像篇短文、像首小詩：

　　　　各位同學，今天的課，我要來講這個主題——「自我的追尋」。
　　　　「自我」為何物？這也未免問得太急切了。
　　　　因為「自我」有光也有影，有顯也有隱，
　　　　有躍然而起的現身，也有悄悄然下沈的失落。
　　　　「自我」就像個頑童，總是不期然地玩出一些大人們難以預料，甚至難以消受的把戲；
　　　　「自我」也像一陣陣水花，因急湍而起，因淺灘而沒——那暗流分明不斷，靜悄悄地延展於河床深處，
　　　　而「自我」有時候竟像天上的雲，原野的風，教人抬頭便見，親身可感……。
　　　　哎！雲喲！風喲！人喲！
　　　　人腳踩在地，踏足前行，

「自我」不就是路邊的小花，不就是不遠處
成叢成林的大樹——忽大忽小，忽遠忽近，
「自我」竟如此教人難以捉摸，教人驚，教
人喜，又教人心頭難忍，
那陣陣無來由的心潮、思潮與斷斷續續的意
識之流……。

此刻阿哲說話了，他說：

「老師，你有你的『自我』，我有我的『自我』，
這教室裡所有的人也都各有各的『自我』，這
麼多的『自我』都一樣嗎？如果都一樣，為
什麼人和人要如此有分別，如此有差異？而
如果都不一樣，我們又如何能肯定我們的『自
我』都是『自我』，而且還可以認定彼此的『自
我』都是『自我』，並可以進一步認識彼此的
『自我』，最後讓這麼多的『自我』安安靜靜
地坐在這裡，還彼此相視而笑，一起在等待
某一個『自我』現身說話，或是突然從其他
的『自我』身邊走過，甚至消失在所有『自
我』的視線之外?」

哎呀！這麼長的問題，顯然要的是相對長的回應，於是「對話」展開了，引領著每一個「自我」走向每一個「自我」。

看來，每一個人都有「自我」這個概念，但它卻複雜無比。如果「自我」之概念或「自我」之意識，乃人之所以為人的主要特徵，那麼去關心每一個人到底如何成為真實的「自我」，便理當是人類文明發展的一條主線。因此，當哲學家不客氣地對「自我」進行解剖的時候，那所謂「自我核心」(Core self) 似乎便不能不超然於一般人在社會活動中所扮演的角色以及所擁有的身分。

至於每一個自我是如何認識這個世界，每一個自我是如何形構出關於這個世界的知識體系，英國哲學家洛克 (John Locke, 1632～1704) 有獨特的看法。洛克認為人出生的時候，心靈就像一塊「白板」，而所有的知識都是在後天的學習和教育中建構出來的。就好像小嬰兒哇哇落地後，如果不細心照顧他、教他待人處世的道理、帶領他認識這個文明社會，那麼他可能就會像野人一般，住在洞穴裡，以捕捉動物維生。若是由森林裡的狼群養育長大，那極有可能變成一個跟隨狼群、茹毛飲血的狼孩子。所以

他主張,人類心靈的成長必定是經由後天一步一步的累積而成,反對「天賦觀念論」——人類一生下來時,知識就已經完備——的主張。

然而,在每個人的一生中,持續不變的那個「自我」所展示的「自我的同一性」(Self identity),是否就由這「自我核心」所建構出來的「自我的結構」(Ego structure) 一手導演? 這是一個很值得再討論的議題,畢竟不同哲學家有不同的看法。縱然「人生如戲」,但我們作為其中的一個演員,卻無論如何不能任意脫稿演出,或竟角色錯亂地來個「張飛戰秦瓊」。

一般而言,我們努力維護「同一個人」的身分,確實是生活之必要。否則,那張身分證,那些執照和帳戶,又如何能讓我們自在地使用,自由地領錢、存錢,因此可以快快樂樂地實現心中的想望?確實,我們只有一個身體,從小到大,從年輕到垂垂老矣,就只供我們自個兒差遣;不過,如果說我們也只有一顆同樣的腦袋 (The same brain)、一副同樣的心靈 (The same mind),卻難免讓人如此假設:

如果醫療科技高明到可以讓人「換個腦袋」,

那麼這個有一顆新腦袋的人還會是和從前那個擁有「舊腦袋」的人同屬「一個人」嗎？而如果將來出現一種「心靈移植」技術，可以把一些不同的記憶、思考、情感、欲望甚至一些價值觀和性格取向，通通來個徹底的轉換（例如植物之接枝再生），那麼我們是否已經是在造一個「新人」？是否連根拔起地將生命的整體性 (Oneness) 全盤地「破而後立」？

哎！這些問題如烏雲般罩在那些清純的孩子心上——阿哲這個「自我」如泉水般冒出來的問題，其實值得我們細細品味：

人人各有各的「自我」，這是存在的事實；
每一個「自我」都不一樣，這是所謂的「天地自然」——
然而，它們各個不同，不必我們多說，他們也不須有所答辯
因為我們彼此認定彼此的「自我」，乃是
好事一椿——彼此認識，豈止是緣分？

互不照面，互不干擾，難道不也是一種福分？
世間本來就有如此之「三角幾何」：
自我、他者與世界──
「自我」居中，
「他者」在旁，
而一顆顆心則恍如無數之絲線，
不斷地編結出各式各樣的服飾，
讓我們可以擋風禦寒，隔熱避冷，
而在自我與他者之間，
經營出屬己屬人，也屬世屬靈的
一個個「世界」來。

哲學

在運動場

　　阿哲天性好動，要他成天坐在教室裡上課，實在是一件很殘忍的事。而在奧林匹亞山競技場上，有些運動員正在展現人類身軀的力與美，而力與美的結合其實已然是身與心、靈與肉的結合，是一整個人的「自我」的自主地現身。阿哲不禁猜想：在那些如癡如醉的觀眾裡面，是否也有哲學家的身影在？而這些衝著那力與美的結合而來的哲學家，又會看出什麼道理來？

> 　　場上的運動員，他們拼出了力氣，
> 　更展露出那一身渾然的勁道——
> 　這不就是生命原初之面貌？
> 　而場外竟都是以吆喝為樂的觀眾，
> 　他們似乎生性愛玩，更愛湊熱鬧，
> 　甚至如果有機會作壁上觀，來個
> 　置身事外，卻也與有榮焉，
> 　他們也不會輕易放過那「排隊入場」的良機。

　　其實，「運動」自有其哲學之意涵；而「運動哲學」(*Philosophy of sport*) 則幾乎涉及所有重要的哲學範疇，包括形上學、知識論、倫理學、美學及價

值論等哲學問題。因此，我們可以如此提問：

> 人類天生就是為「運動」而來的嗎？
> 我們真的能夠清楚地認識「運動」的意義嗎？
> 所謂的「運動精神」，真的是一種道德？
> 而運動又是否為一種藝術？
> 我們這一身又如何能因為相互的較量，
> 較量彼此的速度、力量和跳躍的能力，
> 而將生命之力與美作最徹底最極致的發揮？

　　原來，「運動」乃源於人類本性好動；而且，任何一種運動都各有其目的，也同時都各自展現一種精神與肉身二合一的生命趣味與生活意向。就在那些運動員進行對自我身軀極限之挑戰之際，忽然間，朵朵雲彩乍現，自奧林匹亞山頂緩緩飄落——從雲端到地面，從諸神之殿堂來到喧鬧之人間；天籟之聲如是唱著：

> 我是我的生命的主宰，
> 我是我的靈魂的船長，
> 而主宰今何在？ ——

　　在那發號施令的裁判手中?
　　還是在那運動員的個個「自我」裡面?
　　生命的海洋無限遼闊，它可不比
　　偌大的運動場，可以用尺碼計量，
　　於是，「靈魂的船長」豈能由別人隨意支配，
　　甚或任意罷黜?
　　只因一副副身軀可是一葉葉不甘沈沒的扁舟
　　──扁舟不扁，不扁之舟，
　　而人呀! 為何老是彼此競爭，
　　竟忘了自己的航程，
　　和那可以不畏風浪的港灣?

　　聽著天籟的頌詞，所有人彷彿如夢初醒般頓悟。
原來，「運動」來自於遊戲，來自於人類天性好動的
動物本能; 但是，後來經由社會與文化的薰陶、形
塑以及多方面的生活歷練，某些類型的運動終於變
成「競技型的運動」，而被安排在運動場上進行。於
是「運動員」或「運動家」便出現在人類生活的舞
臺上，他們以矯健而優美的身姿，為人類自我挑戰
的史冊，留下一頁頁輝煌的篇章。
　　當代首屈一指的語言哲學家維根斯坦，在小學

生於運動場上踢足球的遊戲中，發現了語言的邏輯
以及其中的規則。他看見那個足球所以能被踢來踢
去，而讓小朋友玩得不亦樂乎，就是因為有一套踢
足球的遊戲規則。反觀，言說也彷彿是一場遊戲，
當然也必須有它的規則。

　　不過，維根斯坦除了肯定「哲學是面對語言蠱
惑的不斷的戰鬥」之外，他還深深地感歎：「對於不
可說的，我們只好保持靜默。」原來，言語和靜默相
互為用，而思考、語言、邏輯以及一切的知識便恍
似那偌大的運動場上飛奔不已的身影。

　　由此看來，運動、競爭與比賽三者乃儼然合而
為一。而哲學家若身在運動場上，他們應一眼便能
看出「運動家精神」分明有哲學的意涵。首先，運
動家精神是以運動為手段，也以運動為過程，而最
後更以運動為目的；之所以要彼此競爭，相互比賽，
一方面是為了激發各自的潛能，將每個人的體能發
揮到最高點；另一方面，則是為了彼此借鏡，共同
學習，而把運動的技術與藝術提升到最完美的境地。
也難怪西元前七七六年，奧林匹亞神殿前的競賽(這
是古希臘最大的國民祭典) 第一次舉行的時候，不
僅有戰術、拳藝、賽跑等體能競賽，還同時有音樂、

詩歌與戲曲的演出。如此刻意安排力與美同臺,不僅是為了回應人性,回應吾人生命乃身心結合之一體,更表現了哲學思考首先必須面對的「人的存在」這個無從否認的事實。

阿哲來到競技場邊上的觀賞席,看著揮汗如雨的運動員,對於「人的存在」的意義,產生一種理解:沒錯,美麗又危險的花豹,其身體線條的流暢度、燁燁閃光的毛皮,在在呈現出上蒼創造萬物的用心與深度,可是花豹沒有意識到自身的優美,對其他花豹也沒有類似的想法,牠們也沒有追求更高、更快的渴望。但是,人類不僅對自己有高度的期待,對競爭對手的勝出亦能懷抱欽佩之情,還能在競賽中體認自身的侷限,觀想存在的意義。同時,就在這些「追求」和「期許」之中,人越來越向神靠近。這些特點,使人類相異於其他動物而有哲學之誕生。

原來在運動場上進行的是「力的哲學」與「美的哲學」的實踐,這也是「人的哲學」在特定的時間與空間裡,經由特定的規範、模式與合乎秩序的歷程,所揮灑出來的意義的結晶——這些發光發亮的多面多角之物一直閃爍在運動員額頭上的汗水裡,也一直閃爍在看臺上觀眾全神貫注的眼光之中。

　　兩千七百多年後的今日，每四年舉行一次的奧林匹亞運動會，已成為全世界頂尖運動員最高之殿堂，也同時是世界各國在貿易、外交與戰爭之外，最重要的較量之地。而在「化干戈為玉帛」的和平氛圍之中，那些發光發亮的獎牌總是誘引著運動員們使出看家本領，奮力一搏，卻也同時讓參賽的國家在獎牌數量上錙銖必較，一拼高低，搶那「體育大國」或「運動強權」的虛幻榮光，卻忘了「運動精神」為何物。

　　看來，還是得讓大家一起來思考「運動精神」的意義：

　　　㈠它讓運動員們表現出最真實的自我，而同時讓運動本身成為運動員們最真實的自我表現。

　　　㈡它尊重所有參與運動比賽者的權利，也同時要求所有的運動員、所有的裁判以及所有喝采（包括喝倒采）的觀眾必須善盡本分，並遵守相關的規範。

　　　㈢它要求所有參賽者要遵守遊戲規則，遵守公平公正之原則，以同時體現「運動倫理」，

　　　　　　以便在社會公義的大前提之下，讓任何一
　　　　　場賽事都成為一種符合社會公義的社群活
　　　　　動。

㈣所有的運動員都必須誠實地面對自己，面
　　對比賽，面對其他的參賽者，以及比賽的
　　結果——勝負豈非兵家常事？而「勝不驕，
　　敗不餒」的精神就在「承認失敗」的前提
　　下，用最謙卑的態度來迎接真實的勝利，
　　迎接屬於自己也同時屬於眾人的成功。

　　在此，再讓我們回想奧林匹亞四年一度的輝煌，
原是古希臘人在祭拜天神宙斯之後的歡慶活動。而
在眾人盡情享受生命與生活所交集出來的美好之
餘，我們顯然可以放下世俗塵思，放下一切利益的
算計與權位的競奪，只為了在和平、公道、互為對
手並同時彼此相陪相伴的運動比賽中，齊為那勝利
的榮光喝采，也為那自我超越的拼勁而交相感動
——其中的哲學意味已昭然若揭：

　　㈠運動場上，那些四肢發達的健兒們絕非「頭
　　　腦簡單」之徒——他們是已通過身心一體

的努力，證實大哲學家亞里斯多德的潛能
與實現一以貫之的論點，並且在生命哲學
的藍圖裡，用汗水與淚水，寫下一頁頁值
得眾人終身閱讀的詩篇。

㈡運動場上，那些全力奔跑跳躍的運動員，
正代表人類長久以來意圖突破自身存在限
度的夢想，其實始終是美麗而動人的──
他們一方面以實際的行動證實人是有限的
存在者，因為他們運用的是具有一定限度
的身高、體重、彈性與力道的身軀，並且
都謙卑而平和地站立在地面，而一起在同
一個立足點上，向那需要一再測量與評比
的高度、長度以及速度，做那幾近義無反
顧的獻身──原來，運動是拿個人的生命
（軀體）做獻祭，它竟有彷彿祭神般的神
聖意味，這可不是從「有限」向那「無限」
邁進的嘗試嗎？

㈢運動場上，運動員彷彿是無言的哲學家，
他們揭櫫的是自由、平等與公義的哲學。
「自由」是指他們幾乎赤裸裸地展現與生
俱來的生命力，而摔落了一身的束縛與糾

纏；「平等」意謂他們放下個人在運動場外的身分與名分，只以一副身軀參與一場又一場的比賽——這先是「一切歸零」，而後「重新洗牌」；其間，無詐也無欺，因為大家都是人，都是一個個具有同樣的參與權利及獲勝機會的運動員。至於那所謂「公義的哲學」便不能不隨時回溯運動比賽的規範與規則，那裁判的權威絕不能無端被打破，那觀眾的熱情不能演變為鬧場的負面因子，而運動員在服從裁判、遵守遊戲規則的同時，其實已體現相當程度的社會公義，除非他們別有用心或甚至覬覦那與運動不相干的誘引與蠱惑。

(四)最後，運動場上仍將人來人往，以至於人去一場空。空的是偌大的場地，不空的是人們的心靈——其中滿滿是熱情，滿滿是夢想，滿滿是身心交融、人我和同的氣氛。原來，哲學不是被吊掛起來的名牌，哲學家有力更有氣，有情更有意，有心更有靈——「靈」的是勝負輸贏以外的同情共感，真正可以預測、可以相信的便是在運動場

上其實沒有輸家，只要我們肯認真地踏足在厚實的大地上，立身在清澄的高天之下，雙贏絕對有可能。當哲學家現身在這「生命的運動場」上時，他們一定在認真地思考，認真地行動，認真地生活，根本不會在意到底「思考」到什麼，「行動」到什麼，或「生活」到什麼；而當哲學家從事理論（理論化）工作的時候，他們其實也不太去計較究竟「理論」出什麼來——也許，運動本來無言，運動場上也本來無一物，只因哲學就在「運」心與「動」身的一個個瞬間，而文字、語言以及所有的理論脈絡，則頂多是某一種形式的剩餘價值罷了。

哲學

在劇場

　　古諺云:「乾坤一場戲。」若我們都是粉墨登場的戲子,那麼到底哪一齣戲才是我們正宗的「生命之劇」——以天地為舞臺,用生命作腳本,再加性情與心血釀做對白,不管何時登場,不管演何角色,也不管結局為何,都始終兢兢業業,不敢怠慢?

　　人的角色又何止「生旦淨末丑」這五大樣?
　　是該問:編劇者誰? 導演又是誰?
　　而這世上真的有「主角」嗎?
　　真的有人可以貫串全場,縱橫江湖嗎?

　　什麼人演什麼戲,什麼人看什麼戲。說「人生如戲」或說「戲如人生」,其實是因為在現實的生活之中,總會有教人摸不著頭緒的事情發生,而這些人事變化就彷彿戲劇情節,或者高潮迭起,或者突如其來,或者詭譎多變,或者兀自散發出神秘氣息。恍似上天開我們的玩笑,或是一股莫名的力量要我們不能忤逆;不然,「好戲就在後頭」!

　　哎! 戲子自有他們的一套哲學,而看戲的又豈只是一群百無聊賴的傻子? 戲裡戲外,臺上臺下,看似截然不同的兩個世界,然而,戲裡情境卻往往

是現實人生另類的變況或翻版。譬如世上有某人做某事，那演員便活靈活現的模仿，甚至誇張地加油又添醋，將那人維妙維肖地再現於偌大的舞臺上，縱使那人已是「今之古人」，縱使那事也早已煙消雲散，在那光采映照的銀幕之中，那人活過來了。

哎！真真假假，是是非非，我們身處這看來無比真實的天地之中，卻總是教人興起真假莫辨、是非不明，以至於如墜五里霧中的幻覺——莫非曹雪芹說得對：「假作真時真亦假，無為有處有還無」？所以看倌們才為了一場又一場的戲目眩心迷，如呆子般跟著狂喜，跟著落淚，跟著神馳於大虛幻境之中。也就是說，哲學在劇場，現的是「無形之身」。德國最具系統性的觀念論哲學家黑格爾 (*Georg Wilhelm Friedrich Hegel, 1770～1831*)，其最重要的哲學成就，便是「正、反、合」三階之思維。一場戲是假，但是假的戲目上演的卻是真實人生，沒有假戲的出現，也無從思索真切現實的酸甜苦辣，所以假即是真，真即是假，不分為二，實為無法分離的「合」。因此一齣齣戲都是辯證與觀念系統的延伸，彷彿上演「黑格爾的戲劇」：「顛倒的世界」與「美麗的靈魂」，如此顛倒，竟也如此美麗，黑格爾哲學

之「空前」，甚至也幾近「絕後」，最後似乎將一連串的驚歎號不斷地向「過去」打探一些「未來」的消息。

而且，哲學家不必親自粉墨登場，卻大可如無數觀眾作壁上觀，冷眼看那臺上人影晃動，而同時熱血沸騰地隨著劇情發展，將一面心鏡磨洗得光亮白潔。不僅如此，哲學家可以玩起小小的遊戲——或編個劇，或作個曲，或串個場，或跑個小龍套。那一心想像「超人」現身的尼采不就作了一些曲子被灌製成唱片，供人欣賞？而沙特 (*Jean-Paul Sartre, 1905~1980*)、卡繆 (*Albert Camus, 1913~1960*) 這兩位法國的存在主義者也運用他們的文學想像，寫出一部部小說，卡繆的《異鄉人》還被拍成電影呢！

換言之，哲學家自是文化中人，也自在於文化情境與生命情調的變化歷程之中，且看方東美 (*1899~1977*) 是如何地搬演三種文化、三種生命情境以及三種戲中人物：

燈彩流翠,滿場坐客屏息傾聽臺前序幕人語:

戲中人物	希臘人	近代西洋人	中國人
背景	有限乾坤	無窮宇宙	荒遠雲野，沖虛綿邈
場合	雅典萬神廟	葛特式教堂	深山古寺
綴景	裸體雕刻	油畫與樂器	山水畫與香花
題材	摹略自然	戡天役物	大化流衍，物我相忘
主角	愛婆羅	浮士德	詩人詞客
表演	謳歌	舞蹈	吟詠
音樂	七絃琴	提琴，鋼琴	鐘磬簫管
境況	雨過天青	晴天霹靂	明月簫聲
景象	逼真	似真而幻	似幻而真
時令	清秋	長夏與嚴冬	和春
情韻	色在眉頭，素雅朗麗	急雷過耳，震盪感激	花香入夢，紆餘蘊藉

　　序幕人去，帷幔徐揭，三種人物步絲竹之幽韻，飾羽帔之冠裳，緝翩而出，其一為希臘人，其二為近代西洋人，其三為中國人，是時臺上樂聲漸覺緊湊，場中滿度清風，有幾縷心靈幽香散入客懷，幻作冥想。

（方東美，《哲學三慧》，臺北：三民，2007 年，頁 77～78。）

　　這三種不同的情調是否沒有交會的一日呢？有沒有可能，希臘人跨越時空來到東方的深山古寺，碰到彈奏鋼琴的女音樂家，激盪出熱烈的火花呢？或者是爛漫詩人李白帶著長簫拜訪浮士德的神秘之地？這些幻想奔騰的情節，不禁引人無限遐思。

　　雖然「戲如人生」是個老調了，但是我們其實早已置身在充滿戲劇張力的人生之中，而那些往往被我們輕鄙的「戲子」卻都是「人子」──一步步地踏出無比的真實、無怨的心思，以及無所不在的生命的感歎與禮讚。就在這前前後後的踏步下，戲子創造了一個個全新的人。不管是才子佳人的悲歡離合，還是英雄志士的愛恨情仇，或是勞苦大眾的痛苦與快樂、夢想與絕望，在表演中，所有人都不知不覺的被一種神秘的力量引入另類的生命情境，讓每一副軀體、每一副靈魂都接受如同聖殿裡不斷進行的洗禮，而因此蒙了福、感了恩，甚至受了寵。

　　或許，戲劇是對人間現象與活動的另類詮釋，如哲學家之看待這款人生、這個世界以及那無盡的思維與心靈之歷程，總是以超然而有些清冷的眼光

來作觀察，來從事足以「入乎其中，又出乎其外」的思考——如此的詮釋似乎已不再是旁觀者的心態所能畢其事的了，因為哲學家投注的不只是眼力和智力，而是心力和整個生命力。於是他們便從理想迴向現實，用意義與價值來轉化人生。

這個時候，剛從競技場慢跑結束的阿哲突然現身，他氣喘吁吁地一頭衝進富麗堂皇的戲院。一時之間，他看不懂臺上演的是什麼戲，只覺得那黑壓壓的觀眾竟然能夠鴉雀無聲地一起欣賞表演，那麼這戲碼一定是很有趣。因此，阿哲找一個空位子坐了下來，跟著大家一起觀看那一齣正進行了一半的戲，並努力去猜想那戲的發展脈絡。沒錯，如此的「觀看」與「被觀看」，臺上臺下不僅相互溝通，甚至共同分享了人性的真摯、人文之美好。就在默聲無語之中，哲學之子便和藝術之子攀上了交情。

阿哲心裡想：那運動場上的本事和這戲臺上的高招，或許同樣是由人類生命內裡萌發出來，而且都包含著感性、知性、情性與理性的成分，只是各自運用獨特的方式去調配這些生命的因子，最終有了各擅勝場的成果出來。他老遠從「哲學之家」出走，為的便是這一趟知識與智慧偕行的旅程，而他

一心神往的是生命與心靈共同鑄造出的人文饗宴，使工作與休閒、目的與手段，以及知識與道德不再兩兩對峙，使哲學有了活路，藝術有了出路。阿哲越想越起勁，卻也越想越模糊，因為他還在看那仍在進行的戲，它還沒結束，一切都尚待定奪，尚待那布幔起落，那燈光閃爍，和那樂聲交響出一章章新曲。

　　哲學本多言，而此刻卻無聲——如果那美麗的對象和那存在的真實，兩者邂逅於這現象世界，我們又該怎麼確定自己到底看到了什麼? 我們又怎麼可能抓住自己心上的映象? 哎! 美麗是會自己現身，存在也自有其真實，而那戲終究要落幕，那些觀眾也終究要散去——阿哲於是起身，向著截然不同的世界走去。

哲學

在戰場

　　阿哲從戲院出來，頭腦漸漸清醒了過來，他通過街坊，走向原野；那是一道富有人文景觀的路程；阿哲於是越走越慢，從從容容地欣賞形形色色的建築與文物。其中，最教他心動的是那尊騎著一匹駿馬的將軍像——阿哲不知其名，不曉其事，只是直接地感受到一股夾纏著英氣與殺氣的莫名力量從頭頂一貫而下。

　　原來，這街道與原野對映成趣的景觀，是那將軍和千萬無名小卒的戰利品。如今，戰事已遠，戰火早熄，人們安居樂業，享受著和平所帶來的滿滿的幸福。而這樣的小鎮生活其實只是人類文明史中一個微不足道的案例，因為歷史縱然無法決定我們的未來，但通過所謂的「共業」（意即「我們共同力量的付出及其結果」），我們卻仍然有機會向自己的命運叩問：「從戰爭到和平，其間之歷程究竟需要我們付出什麼代價？而和平到戰爭，人類居其間，卻又為何阻擋不了毀滅性的行動?」這些問題恐怕連哲學家都難以一探究竟，只因生命如此地奇詭！歷史如此地晦暗！人性又如此地教人戰慄！

　　阿哲於是又一次陷入充滿苦澀滋味的長考，像那一腳踩入黑白分明的棋盤世界的棋士，在攻防之

間苦思隻手扭轉乾坤的策略——世局確如棋盤，而
其中之人有黑亦有白。如此一來，對仗難免，衝突
難免，一次又一次的纏鬥於焉展開。

　　顯然，阿哲在這異地流浪，他的視覺和聽覺都
變得更加靈敏，而他也同時對周遭環境有了更具體、
更直接也更全面的體驗。於是，他看到了歷史的遺
跡，聽到了生活的信息，也同時思考著從古到今一
切風雲變化，以及人事興衰代謝所可能引發的意義
和效應——

　　　　古者，過去已然過去，而那將軍之威今安在？
　　　　今者，現實已然實現，而廣大的原野
　　　　又當如何輕輕圍攏著這一座靜謐的小鎮，
　　　　如那年輕的母親用她的青春呵護著
　　　　細細嫩嫩的幼嬰——
　　　　文明不就在歷史臨盆的陣痛裡
　　　　昂然現身？
　　　　思想不就在心靈安逸的平靜中
　　　　豁然開朗？
　　　　而戰爭已遠，縱然仍有野火四處竄起

　　哎! 看那野火燒不盡,滑鐵盧之役、克里米亞之役、硫磺島之役,或如百年戰爭、南北戰爭、鴉片戰爭、太平洋戰爭……一起又一起的戰火,一場又一場的殺伐,一批又一批的傷亡,一次又一次的悲歌、哀號、苦痛、絕望……而歷史有話,命運卻無言,哲學家於是一次又一次地落入默然的思維之中。此刻,就讓我們仔細想想:

　　雅典城裡,曾經出現過猛烈的戰火嗎?
　　有的,
　　思想的火花
　　閃爍在蘇格拉底和他的朋友、學生之間

　　如是思索,如是追尋,戰爭還是可能毀盡天下之書,但無論如何,那暗藏於我們心底——由感性、知性、理性與靈性一起研磨出來的精粹,卻依然香醇無比,而讓我們和子子孫孫們共享這人世的歡愉、苦痛、沈醉,以及無可限量的幸福與美好。
　　當然,有人認為思想是利器,可以利己利人,也可能害人傷己。因此,廣義的戰爭無所不在,只要這世上有人在運用思考來作算計,來遂行他的陰

謀或所謂「妙計」——也難怪那兵法家有「三十六計」，計計似箭，計計含毒，而形形色色的戰爭便蔓延開來，在人間興風作浪。風浪之中，有人倒下，有人前衝，更有人消失在煙塵四散之中。

的確，思想是一把利器，它能啟動世界的轉動方向。德國哲學家馬克思 (*Karl Heinrich Marx, 1818～1883*) 從不曾上過戰場，但是卻主導了「思想、理論與意識形態之戰」的歷史，使得整個世界在他身後變成大動干戈而硝煙滿天飛的處所。不過，戰爭來自於馬克思的人道心腸，他期盼世上沒有大欺小、強凌弱、富壓貧的情事發生，也希望世界上每個人都能和平共處，大家都有充分而健康的飲食，溫暖而舒適的居住環境，如此基本而又遠大的抱負，至今仍然縈繞在不少人類菁英的腦海中。

依照馬克思的理論，工人階級之所以被剝削，是因為資本家擁有大量的生財工具和原料，並且在工人付出勞動之後，還搾取他們勞動的剩餘價值。因此資本家越賺越多，而工人勞動越多反而越貧窮。他主張必須破除這種不公平的階級關係，工人們必須站出來爭取自己的權利，必須用自己的力量推翻不平等的階級藩籬，如此工人階級才能獲得真正的

公平對待。所以他用他的文字和思想，喚醒正義、公義的良心，推動了世界階級革命的齒輪，希望建立一個無產階級的國度。這就是思想引發的真實征戰。

對於言語，古中國的莊子曾如此描述：「其發若機栝，其司是非之謂也。」（《莊子‧齊物論》）他把我們的言語比喻為利箭，話一出口，就如利箭一發，朝著別人的是是非非，伺機作各式各樣的攻擊。這自是應驗「禍從口出」，而人間之災禍乃往往肇端於口舌；口舌之爭竟往往是更大的爭鬥的前奏。當然，善用語言，善解別人的用心存意，也正是避免人間紛爭的不二法門。

溫柔、冷靜、仁慈的哲學家於是悲天又憫人，如老子之堅持人道精神：

> 夫佳兵者，不祥之器；物或惡之，故有道者不處。（《老子》三十一章）
>
> 以正治國，以奇用兵，以無事取天下。（《老子》五十七章）
>
> 善為士者，不武；善戰者，不怒；善勝敵者，不與。（《老子》六十八章）

　　勇於敢則殺，勇於不敢則活。(《老子》七十三章)
　　天之道，不爭而善勝。(《老子》七十三章)
　　以道佐人主者，不以兵強天下。(《老子》三十章)
　　勝人者有力，自勝者強。(《老子》三十三章)

　　是的，戰爭絕非好事，而武器確實是不祥之物。但如果不得不戰，當然要克敵制勝，當然要以最少的代價求得最大的勝利。那麼，我們便得效法天道——不爭而善勝；凡事不逞強，凡事不妄為，而與人和平共處，這就是「以無事取天下」，也就是「勇於不敢則活」，而不武不怒才真是大將之風，才真正能不教萬骨枯，卻一樣可以解決紛爭與衝突，而讓每一個人活在和平的亮光之中。

　　如此地宣揚人道，如此地珍惜生命，才真仁慈，真善良，而我們也才能真正地在人性、道德與倫理的基石上，一起望向美好的願景。而如此的反戰(至少不好戰，不求戰，不無端挑起戰事)，原來是最最人性，也最最溫柔的作為。

　　當然，說是為了保家衛國而戰，理由確實很堂皇；但哲學家卻無論如何不能只為了建立所謂的「戰爭哲學」，擺出一副「惟恐天下不亂」的姿態。因為

「戰爭哲學」絕不能只是「勝利的哲學」，它應該是
「和平的哲學」——以不戰、不爭、不傷、不亂、
不滅、不亡、不能玉石俱焚、不能同歸於盡，來作
為最高的指導原則；畢竟不能平安，又怎會有喜樂？
如果耶穌也是一種型態的哲學家，顯揚他那寬容與
慷慨的精神，不就是徹底拔除戰爭禍根最好的策略？
而這其實不算是策略，它應算是一種修養、一種態
度，一種足以讓我們放下一切的怒恨、憤懣、恐懼、
憂傷與不安的精神力量。

　　但大多數人可從來沒上過戰場，沒看過兩軍交
鋒、戰火猛烈的場面。因此，咱們只好自個兒來一
場「想像的戰爭」、「虛擬的戰爭」，就像在玩電動遊
戲：

　　　　兩手隨著畫面急速的轉換
　　　　而持續地戰慄不已——是無來由的抖動？或
　　　　是不自主的律動？
　　　　耳中的轟轟聲
　　　　竟化作沁髓以入骨的快感
　　　　此刻，雙眼淪入於五彩繽紛的
　　　　虛擬實境

而著魔般地發出
異樣的光芒——
光裡沒有硝煙，沒有閃電
有的只是無邊的寂寞、死靜
以及一身子的疲憊、虛弱
——竟然沈重無比
如那奇形怪狀的兵器
被無端地擔在稚嫩的肩膀上

　　真實的戰爭不會只是個畫面，它血淋淋，它赤裸裸，它更活生生地現出猙獰的面目，嚇得人人退避三舍，教人失魂喪膽！

　　有沒有無形無聲無息的戰事？不戰而無所不戰，不爭而無所不爭，無為而無所不為？「思想」不就是這麼回事，攻克在轉瞬之間！

哲學

在會議室

　　如果戰場是湮滅人類理性的場域，那麼一群人衣裝革履地坐在偌大的會議室裡，紳士般地高談闊論，或者你來我往地相互論辯，始終不輕易動肝火，也不會動起手腳，這難道不是人性卓越的表現?

　　哎! 又要開會了，一句無奈，一聲歎息，不過，開會可是現代民主政治的必要過程。但如果「民主」不只是個制度的話，我們最需要的便是民主的風度、民主的素養和民主的文化。而開不開會又何妨? 就讓我們想想這樣的對話:

　　　「長官，今天要開會吧!」
　　　「誰說今天要開會?」
　　　「是我看了一個月前的 *Schedule*，才知道的。」
　　　「*Schedule*? 它是誰定的?」
　　　「報告長官，它是……是……是您定的!」
　　　「哇塞! 我竟然忘了有這麼一回事。那麼，你說說看，我們到底要開什麼會啊?」
　　　「報告長官，這我可不知道呀! 因為……因為您並沒有指示。」
　　　「這還需要什麼指示! 要開會就開會!」
　　　「好! 那我就馬上來安排『開會』，但這得先

　　讓我和同事們來個『會前會』，再請您指示。」

　　「哎！你真死腦筋！開會就直接地『開』，直接地『會』，這麼辦，就對了！」

　　「是的，長官，我們就這樣一起開下去，會下去囉！」

　　以上對話雖純屬虛構，但也不全是無稽之談。因為在這人人已然落入體制之中而接受一套套生活儀式以及既定生活流程的現代社會中，人我之間彼此的溝通與交往，顯然已成為具有中介、傳遞、轉化與整合功能的重要課題，而這當然在具有實踐意含的生活世界裡，才可能讓人我之間真正地彼此照面，真正地相互了解，也真正地一起經營出共同的生活願景。

　　而那或大或小的會議室便是一個個可以讓對話順利進行的空間，只是在對話進行的過程中，是否能夠達成溝通與交往的目的，卻一直是個問題。想當年，蘇格拉底在雅典街頭，和朋友、學生們討論良善、正義等哲學觀念，儼然把一方街角當作是一間充滿知識氣息的會議室或研討室，而後來蘇格拉底在雅典法庭上為自己的清白與正直，做出史上最

強有力的辯護，則簡直是把法庭當作是另類的會議室——主席就是蘇格拉底，而與會者則不只是當年數百名陪審員，千百年後無數的愛智之士也都通過了不同的管道，參與了在這個空間無限大的會議室中所進行的知識饗宴。

當然，我們更希望所有參與這世上各種會議的人都能夠像哲學家一般侃侃而談，意義清晰而條理一貫地做出陳述，也同時做出論證；至少在會議的主題引領之下一起來辨明真假、對錯、是非、善惡，以及公與私、義與不義、該做或者不該做……而這些判斷攸關吉凶、禍福與利害；有時候，甚至和我們的未來、我們的理想，以及暗藏我們心底許久的願望息息相關。

不過，真正喜歡開會，喜歡坐在冷氣房裡討論那些無趣的議題的人實在不多。因此，除了那個喜歡坐在主席位置上來一段長長的「致詞」的主管之外，其他的與會者應都是心不甘情不願的吧! 不過，哲學家們開的會可就不一樣了，因為他們最愛的是對話，而有時候他們也必須彼此對話，一起來開一場哲學研討會。請聽:

「柏拉圖先生，您說『理型』是真實的存在，這究竟是怎麼回事？」

「首先，你能提出這個問題，就表示你知道『理型是否存在』是個重要的問題，而這個問題其實已涉及『人類的認識能力到底能否分辨真假』這更根本的問題。因此，我所謂的『理型』，它的存在本身就證明了我們有能力認識『真實』究竟為何物，但這必須有一個前提：我們千萬不能被自己的感官所欺騙；同時，我們也一定得跳出個人自以為是的主觀的偏見——其間，最關鍵的是我們必須知道周遭的事物只是真實的理型的抄本，但它們卻往往誘引我們的感官，讓我們落入虛假的認識活動之中而無能自拔。」

「哎喲！哲學家竟能如此地理性，如此地冷靜，如此地拒絕被遮蔽、被欺騙、被誘惑，而我如此讚歎，到底能不能得到哲學家的首肯？又到底能為自己帶來哪些啟示？」

「你呀！人呀！你這個人呀！哲學家的處境如同身在無邊的光亮之中，他是早已從黑暗的洞穴裡走了出來，因此他對一切的讚美與

稱頌，都了然於胸，也同時無動於衷，而你似乎也已經從那洞裡探出頭來。（不然，你又如何知道那光在哪裡?）不過，『理型』之所以為真實的存在，根本不必我們為它貼上標籤，或做下任何的記號，因為只要我們決心走出感官與偏見的洞穴，決心迎向那光明的所在，那些阿諛與奉承的言語便必須全部被揚棄。而哲學家就如同平凡之人，一樣的擁有肉眼，一樣的嚮往著真實與美善──這樣的人生，不是很有意思、很有趣味嗎?」

×　　　×　　　×

「笛卡爾先生，你那句名言『我思故我在』一直警醒著我們。不過，我們一般人卻沒有辦法始終保持在思考的清醒狀態之中。因此，當我們不思不想的時候，我們是否就不『存在』了?」

「別擔心，事情並沒有那麼嚴重。我們既然已經活在這世上，而且是用這一整個身子活在事事物物之間，我們便必須從個人生活的現實處境，來思考自身「存在」到底是怎麼

回事。因此，我所以要大家通過理性的思考，來『確認』自己的存在，其實只是提供一個平臺、一種方便，以及一道可以讓我們不再猜疑困惑的通路。」

「你這麼說，我就放心了。但我還是覺得心裡不太踏實，因為你所謂的『清晰』又『明白』的觀念，如何能被認定絕對不會犯錯？又如此能不斷地引發我們的思考與心靈，而為我們自己的存在，做出最確實、最牢靠也最無可質疑的保證？」

「你如此提問，實在很有力道。而我也不是不知道『錯誤』是怎麼一回事，更不會不在乎那客觀的世界不斷地向我們提出的挑戰。因此，我當然知道『思考』和『存在』不能被混同，而『我在思考』也並不必然引領我們走向『自我』的懷抱。如此一來，有人可能會說我這個『理性主義者』，竟嚴重地疏忽了人類的情感、欲望，以及諸多精神的質素；或許，還有人會認定我是『心物二元論者』，把這世界拆成隔絕不通的兩半。面對這些質疑，我能理解，也在相當程度上欣然接納。

但是，我還是要強調『自我』的無可替代、『理性』的無比尊貴，以及『思考』的真實、準確與縝密。人類靈魂所以能勝過世上一切，就是因為他擁有真實的自我、真實的理性與真實的思考。」

「您這番話可真堂皇，而您所以把懷疑當方法，把客觀的知識當作生活的利器，又是什麼緣故?」

「這……這不是一件『自明』的事嗎? 因為如果我們不懷疑，便幾乎是表示我們對周遭的一切，都不感興趣，而懷疑是個起點，更是動力，它引我們走向這個世界，讓我們在發現自身存在的同時，也能真切地接觸這世界的存在。如此一來，縱然主客對立、心物二元，只要我們心中有個『我』，眼光有這世界始終呼喚著我們那儼然沈沈欲睡的靈魂，我們便不僅能夠安身，也同時可以立命，更因此能夠活得明明白白，自自在在。」

哎! 以上還是純屬虛構。而哲學家如此對話，如此自說自話，又到底能不能被搬到現代人的會議

室裡來？

　　情況應該還是可以被控制住。雖然不少會議總是開到火藥味彌漫，開到與會者個個血脈賁張，到底哲學家是理性的，哲學家有比常人更高的自制力與自知之明——縱然我們很難相信「理型」如柏拉圖所說那般地存在，也往往不知道如何揮動那把懷疑的利刃。因此，會議室裡終究會有思想的因子遊走，也同時可以充滿感性，充滿一般迎向未來的樂觀的信息——如此這般，哲學家只要是個與會者，甚至只要有機會旁聽，他便可以不斷地提醒那一下子坐著，一下子又站了起來的主席一定得稍安勿躁；而最教人心驚的「表決」的結果，也便不一定是最後的判決，因為會議還是得不斷地開下去——

　　　　我們因為真正地存在，真正地參與
　　　　所以才能夠真正地開出一個個會來
　　　　「會」是交會，是來往，是商量
　　　　更是用心而細心的斟酌
　　　　而既開了「會」，起了「議」，成了「案」
　　　　我們也就「會」了
　　　　也就在這世界裡

　　為所有人的「生活哲學」
　　奠定了理論的基石
　　也打通了意義的經絡

　　而阿哲在那一段段「戰爭的想像」逐漸地如浮雲散盡之後，也似大夢初醒般地醒在一群人身旁，而這一群人表面看來相當有文化教養；至少，他們不怒目相視，不叫囂喧嘩，而是安安靜靜，聚精會神聆聽著其中一人侃侃而談：

　　「現在我們公開徵詢，對人權與死刑在社會運作層面上的正當性問題，有意發表者，請按鈴。
　　任何人具有言說以及行動能力，都可自由的發表，進行討論。畢竟大家都有相同平等的權利得以表達自己的主張。
　　請排除意識形態或其他權威的影響，請各位真誠的表達。同時，在場的任何一個人，請忽略發言者的背景和地位，單純的只以討論內容的合理性、邏輯強弱、論證的好壞，來加以思考。

　　所以，現在開放討論，請有意發表者，按鈴
發言。謝謝。」

帶領會議進行的是一名叫做哈伯瑪斯（*Jürgen
Habermas, 1929～*）的男士，他像是把壓住泉水源頭
的大石頭搬開的工人，當他話一說完，各方欲發言
的鈴聲便響個不停，依序發表後，又響起陣陣的鈴
聲。與會者的思緒如湧泉般，不停的噴流，卻又像
是守規矩的小學生，靜候自己發言的機會。

　　原來，他們是在開會，他們是在討論一個和大
家都有切身關係的議題。阿哲於是恍然大悟：文明
真的有用，理性真的有效，而和平也真的是那麼美
好。

　　因此，五種哲學的思考值得任何人參加任何會
議時細細琢磨：

　　㈠開放的哲學
　　㈡慷慨的哲學
　　㈢包容的哲學
　　㈣感謝的哲學
　　㈤希望的哲學

　　其實，是哲學在開放、慷慨、包容、感謝與希望之中，才能如嬰兒吸吮母乳般地成長。

　　此刻，形形色色的會議依然在進行著；只是，如果有所謂「開會的哲學」，哲學家顯然不會再死心眼地編織著理論的密網，不會再單向而片面地尋找思考的脈絡。他們知道：只要人人都敞開心扉、不預設主見，而彼此尊重、相互包容，一逕地讓言談自發地暢流著，那麼有一天大家終將可以不再開會，不再「言聽計從」地商量一些秘密或是陰謀，而這世上也才會有真實的自由、快活、平和、趣味與幸福。

　　最後，阿哲走出了會議室，也同時走出了那雖看似封閉卻始終沒把門關上的小小的空間。

哲學

在咖啡屋

如今，喝咖啡乃家常之事。
而喝咖啡可以在任何地方，任何時候；
可以和親朋好友一起喝，
也可以和初次見面的陌生人喝，
甚至自己一個人和這苦味與香氣交互激盪的
液體結伴穿過生活的某一個縫隙，
而因此窺見天地廣漠之野，
以及那「無何有之鄉」所透露出的
無限風光──其中，有無用之人
有無害之物，更有無所不在的
光點在夜空之中自在地閃耀。
儘管莊子不喝咖啡，他卻一樣清醒，
一樣嚮往逍遙之遊，而一心盼望與天地同在
──和大樹並立，也與小草共渡
每一個晨昏，每一次的日升與日落。
或許，康德也會喝點咖啡
──當他下午散步回來之後，
只為了要和感性、悟性與理性一起共眠於
星空之下──永恆與短暫的交集，
不就在這大地之上，
建造了不必有屋有牆有門有窗，

> 一間間彌漫著迷人香氣的咖啡屋？
> 而其中必定有人，
> 也必定有某一個哲學家，
> 啜飲著苦澀之汁，
> 心裡乃盪漾著
> 生命無邊之喜悅。

有作家如是說：「你們要來找我，我不是在咖啡屋，就是在通往咖啡屋的路上。」當然，哲學家也可以這麼說：「你們可不能來找我，因為我不是在咖啡屋，就是在通往咖啡屋的路上。」

一個稚氣未脫的年輕人在晨曦中推開了那一扇門，讓香氣自在地散發了開來——沒錯，他是阿哲。走在街上，忽然聞到一陣香，隨著香味推開了這扇門，如同他好問一般，他用他整個身子，來和這世上最流行的飲品打交道。「這到底是什麼？好香喔！」彷彿自問自答似的，阿哲不停的問著自己，眼光像是搜尋獵物的花豹，尖銳又澄澈，那雙不停閃爍著的明亮大眼，只為了找到它。

「老闆，給我一杯毒藥！」身旁突然竄出這樣的一句話。阿哲向聲音望去，只見一名嘴角帶著笑意

的中年男子，正向櫃檯的老闆點頭致意。

　　「原來這香味叫做毒藥，但是毒藥怎麼能公開販賣?」阿哲心裡嘀咕著。又見一名高雅的知性女子對著櫃檯說:「永恆的不朽的。謝謝。」說完，她就和那中年男子一同挑了個座位，坐了下來。

　　「什麼東西是『永恆的不朽的』?這些人真奇怪!」阿哲被他們兩人搞得越來越迷糊，索性問了老闆:「這香味是什麼?」老闆見這陌生的年輕人一臉狐疑，不禁也想作弄他，說:「令人沈醉的天使之淚。苦澀又濃烈……」看著老闆頑皮的挑眉，阿哲知道老闆正在開他玩笑，但是就在他還想追問下去的時候，老闆端了一杯黑亮亮的液體出來，那散發著迷人、令人難以抗拒的暖暖香氣，直撲阿哲而來。

　　「咖啡，屬於你的咖啡!」老闆親切的說著。

　　「原來它叫咖啡，好香喔!」阿哲向老闆回了禮，便陷入黑亮亮液體的迷幻世界了。

　　阿哲就這麼喝起咖啡來——他靜而優雅，一口一口緩緩的嚐著微苦香濃的滋味，思緒也平靜了下來。環顧咖啡屋的陳設與各種類型的客人，不禁讓他對這些人們產生興趣:「他們為什麼在這裡? 跟我一樣被香味吸引嗎?」

「你們為什麼來喝咖啡?」

「只是想喝一杯。」

「只是想見個朋友聊聊。」

「哎! 還不是為了打發時間!」

「不過是一般商務吧!」

「是來這裡開會──可是個『讀書會』呢!」

「自己一個人來這裡看些報紙。」

「來讀點輕鬆的書。」

「來思考一些事情。」

「來寫一點東西。」

「哎! 不為什麼,只是路過,就進來瞧瞧。」

「當然是因為現在有空!」

「我說不出什麼理由!」

「因為突然心情有點悶!」

「習慣了吧! 天天來喝上一杯。」

　　顯然答案不一而足。其中最讓阿哲喜歡的回答是那對奇怪情侶的說法:

　　「喝咖啡──好好地喝、靜靜地喝、自由自在地喝。」

「對，這麼美味的咖啡，當然要細細品味。」由於他們的回答說到阿哲心坎，於是阿哲便主動向他們自我介紹起來。

「你好，我是阿哲。從希臘來。」

「你好，我是沙特。這位小姐是波娃 (*Simone de Beauvoir, 1908～1986*)。」中年男子回禮，並且介紹了同桌的女士給阿哲。

「年輕人，你剛到法國？來這裡做什麼？你發現什麼有意思的新鮮事嗎？」波娃一口氣問了三個問題。

「我被這咖啡香迷惑了，被鼻子牽進來。好像錯過這香味，人生就失去意義一樣！」阿哲興奮的說著。

波娃笑了起來，彷彿這世界只剩下她一人一般的爽朗大笑，她看看阿哲，問道：「那你覺得什麼是人生的意義？」又轉頭對著沙特，把問題再問了一遍。

「我很疑惑，所以我出走家園來尋找它。上次我在海邊碰到斯賓諾莎先生，他建議我先從身邊的東西開始找，或許可以找到。」

「嗯，斯賓諾莎說得對。或許桌上的這杯咖啡就能幫助你喔!」沙特神秘的輕聲說。

「咖啡」已不是個名詞，「咖啡」應還是個動詞；因為它讓喝咖啡的人不只在喝咖啡，而且還在做一些和咖啡有關或者無關的事。

　　不過，既然到了那麼一個特別的空間、特別的場所，我們便不能「白白地喝」。如今咖啡屋裡有各色人等，他們喝著自己想喝的咖啡，說著自己想說的話，或者看著自己想看的書報。如此光景，本來極為尋常，但在咖啡因與咖啡香相互烘托之下，卻出現了如此畫面——畫面中的人各有姿態，各有神情，各取自己所需，各投自己所好，而這不就是一個美好社群的寫照?確實，咖啡屋裡或者有分靜謐，靜謐裡仍有輕聲細語流動著；或者有些吵雜，吵雜中卻讓人有種溫溫熱熱的感覺，只因為人喝出了滋味，有人說出了興致，更有人讀出無比的意義來——當然，還有人似乎在發呆，在沈思，甚至打起盹來，而這不就是一幅幅人生寫真，秀出了各式各樣真實的人生來?

「你看，這咖啡杯上方的蒸氣正在上升，但它又在你面前消失，那麼它到底是存在的，還是不存在的呢?」沙特問道。

「嗯……我不能確定……」阿哲回答。

「那這杯咖啡是存在的嗎? 在它被你喝光之後，它還存在嗎?」沙特看了一眼波娃，對著老闆和阿哲問道。

「其實是你決定了它存在與否的命運。」波娃一字一音的仔細說出。

「就算它被你喝掉了，只要那芳香仍然留存在你的心裡，它就是存在的，而且正是因為它的那股香，讓你決定它永存不朽的地位。一個人也是由於他自己的所作所為，才能得到決定出他存在與否的答案，才能展現出他存在的價值與意義。沒錯，是你自己決定了你存在的意義與價值。」沙特接著說。

「你的意思是，每個人都是獨一無二的?」阿哲有點疑惑的探問。

波娃露出淺淺的微笑:「年輕人，你懂了。但是別忘了，每個人的所作所為都必須考量到其他人，都必須對自己的行為負責──你有

　　行動的自由，同時也必須承擔後果。」

隨後沙特和波娃起身離開咖啡屋，走到門邊還回頭
對著阿哲說：「存在先於本質，做自己的主人！祝福
你，年輕人。」留下阿哲面對涼掉的半杯咖啡。
　　此後，阿哲的心飄在咖啡以外的事，回憶著剛
剛沙特與波娃的談話內容。當他回過神來的時候，
咖啡屋已換過好幾輪的新客人，他決定趁著機會多
和別人聊天，看看是否又有什麼哲學意義隱身其間？
或是突然來一個哲學家，暢談他對世界的認識。

　　——「真理」為何物？
　　——「知識」又如何成形？
　　——「善」的意義何在？
　　——所謂的「自由」不會是虛幻的吧？
　　——「美」在何處？
　　——「終極之關懷」又能關懷出什麼來？
　　——「上帝」存在嗎？
　　——「科學」的願景何在？
　　——「人類」還有真實的未來嗎？

在這二十坪大小的空間裡，阿哲「聽」哲學、「聊」哲學、「玩」哲學。好險阿哲有一分空虛的心，空虛到可以讓任何人進駐，來和他自由攀談，或者一起喝著咖啡，用那最尋常的眼光和最平靜的心情，尋找哲學無所不在的蹤跡。

沒想到，話匣子一打開，一聊就聊到天黑，人們慢步當車，緩緩地回到自己的家；而阿哲也得暫時結束這段離家已久已遠的愛智之旅。

哲學

在臥室

　　當阿哲一骨碌地跑進房門，跳上床鋪，閉上雙眼，他的觸覺、嗅覺與味覺竟突然變得非常靈敏。他聞到了廚房飄來的菜香，還感覺到窗外風吹樹搖的輕微震動，月光溫柔的灑落在他的頭髮上，一切再平凡不過，卻又讓他有置身於天堂般的感受。之前，阿哲主要用的是視覺和聽覺，來和外在世界打交道。一如我們的老祖宗在從事各種冒險時，他們以直立之姿眺望遠處，試圖發現美好的未來，運用銳利的雙眼，以察覺周遭是否隱藏危機；後來，他們因為有了發達的大腦，便開始輕忽手腳，輕蔑其他的感官，試圖在所謂的「理性」思考指引之下，走出這一身的範圍與囿限。他們甚至因此抱怨肉體總是帶來痛苦、累贅與阻礙，而認為這一身如同包袱一般，若能儘量甩開它，便幾乎是人生幸福的開端。而這特別是對一些富有超卓之想像與非凡之智力的哲學家來說，生命中最要緊的一件事（當然，這得把那些一心追求肉身之愉悅的享樂主義者除外）。

　　而這樣的哲學家，首屈一指的便是那大力貶斥感官，並因而鄙視「藝術的模仿」的柏拉圖。雖然，我們寧可相信柏拉圖依然在相當程度上信賴我們生

就的眼睛，而始終睜大他那炯炯有神的雙眼，尋找那真真實實的亮光。不過，如果我們確實無法活在想像的世界之中，無法運用抽象與想像之能力來「嚮往」那可望不可即的真實之物——如柏拉圖的「理型」，如多瑪斯 (*Thomas Aquinas, 1225～1274*) 的「上帝」，或如老子的「道」，以及海德格 (*Martin Heidegger, 1889～1976*) 自個兒發現的「此在」(*Dasein*)，那麼我們最好還是老老實實地活在人間，像那遊子最後還是希望能回到自己的家，過那踏踏實實的生活。

　　當阿哲還無限滿足地躺在床上，暫時闔上眼睛，我們就聽聽當代這一位有點「異類」的哲學家，是如何批判過去的哲學家對身體與感官的不太合宜的看法：

　　　　當哲學家貶低嗅覺的作用時，他是在利用鼻子來指責他所不能感覺到的東西。如果他在哲學體系的結構中將氣味遺棄，或是因氣味的感覺太過庸俗而排斥它，他就不能阻止這個肉體的附屬品欺騙自己，就像精神分析者所樂於看到的那種性壓抑的偽裝。喜歡討好

人類的康德在他的歷史哲學著作中非常清楚地指出，人類逐漸脫離氣味在天性中占了絕對的優勢，這個過程的原因，也可以說是結果，就是人體的直立。他在論述靈長類以及伴隨著靈長類而來的革命時寫道：「絕對優勢不再屬於嗅覺，而是屬於視覺。」人體的直立與手的使用，語言的發明以及對各種創造方式的掌握是緊密相關的，這都是一連串的連鎖反應。

就這樣，在人性上，人開始具備了倫理的、形上學的，以及宗教的潛能，人會說話了，站立起來了，有了羞恥感和理性。好像是為了進一步脫離感覺的世界，人編造出了虛構的本體，拋棄了過於不準確和過於不可靠的感覺，投身於彷彿獨立於物質，純然是乙太，而且脫離肉體與思維的智慧之中。同樣的，人也構築了一個動物性的結構，裡面胡亂堆積著本能、情欲與情緒。

（米歇‧翁福雷，《享樂的藝術——欲望的快樂科學》，

臺北：邊城，2005 年，頁 134。）

　　這是以藝術與文化來孕育思想家的法國，所培養出的非學院哲學家米歇・翁福雷 (Michel Onfray, 1959～)，運用他那特殊的道德系譜，大膽地以「甜瓜先於理性」的譬喻，反對禁欲主義以「神聖」之名所行的自我閹割，而終於建構出他那一套「享樂主義的快樂科學」。翁福雷並引梵樂希在《雜文集》裡的一句名言：「一切哲學體系，如果人類未能在其中扮演舉足輕重的角色，都是荒謬拙劣的。」來彼此相互標榜。他甚至更理直氣壯地以尚福爾《準則與軼事》中這一句：「享樂並使人享樂，不損人也不害己：我認為，這就是道德。」來為他的道德觀畫龍點睛。

　　確實，世上大部分的快樂都無關道德；而我們若動輒用道德的標準來責斥那些生性慵懶，而無多大企圖心的人，這難道不是有點殘忍嗎？特別在美感、幽默與趣味理當自是生活真實之內涵的前提下。

　　原來，除了工作和娛樂之外，我們仍然可以全然放鬆地躺臥在床榻之上，因此臥室裡臥的多是懂得生活的人，而臥室裡的安全、舒坦、靜謐、休息、滿足與歡愉，在在是我們「不損人也不害己」的享樂之道，而臥室也同時讓我們真正體會到人體的重

要性，以及它在哲學思考裡真正的角色。

至少，身為一個人，就自在地做一個人吧！只要我們不在所謂「動物性的結構」裡，胡亂地「堆積著本能、情欲與情緒」，如翁福雷所言，我們就可以卸除面具與偽裝，而自由自在地還我本來面目，還我天賦之權利與能力，以便在「行住坐臥」之中，走出生活的中道——「中道」就是真，就是善，就是美，就是在生活中為這一身做出最真、最善也最美的自我安頓。

顯然，既有了這一副軀殼，我們就不能不堅持這樣的人生守則：

唯有先「安身」，

然後才可能真正地「立命」。

立命？多麼擲地有聲呀！而我們這一身的重量又當寄放在何處？此刻，阿哲已在床上沈沈睡去——人類從蒙昧到啟蒙，卻又在啟蒙的過程中一再落入另類的蒙昧無知之中，甚至出現了所謂「文明的野蠻」，而這可能就是「自作孽，不可活」的悲哀啊！

也許，我們可以來一段「假寐」的時刻，而在

要睡不睡，似醒非醒之間，讓自己一再地感受那熟悉的氣息、味道以及周遍全身的觸感。是的，身在臥室裡，我們不僅可以盡情裸裎，也同時可以把一顆心完全放空，而坦坦裸露內心的世界——因為在臥室，極適合輕聲細語，而且更適合貼耳絮語，讓言語如棉絮般，在這一人獨處或兩人共處的小小空間裡，輕輕柔柔地盪漾出一幅幅美麗的圖畫。

　　說來「臥室」乃極為隱密之地，它與我們個人的「生老病死」有直接之關聯——從前，由產婆接生，幾乎都是在母親的臥室，迎接一個個剛來到人世的稚嫩的小生命，之後臥室便成為小生命最安全、最穩妥，也最舒適的成長環境。後來，我們生活在臥室的時間至少占一輩子的三分之一；等衰老以後，臥室便幾乎成為老人們的起居室，特別是當不幸「臥病在床」的時候。最後，那一方小床更慷慨地讓我們長眠，而將真正的安息賜予我們。如此，由生到死，臥室乃直接參與了人間「生死學」的第一課和最後一課，而它始終默默承受我們這一生最為真實的積澱，卻始終不發一語、無怨無悔；說它是一個木訥的哲人，似乎也不為過。

　　然而，對一個尚未出嫁的大閨女來說，臥室簡

直是她獨享的小小世界，門口根本不必掛上「閒人免進」的牌子，我們也都將會心一笑，放輕腳步走過那寧靜的角落。本來，隱私絕非不可告人之事，而留給個人更多的時間、空間以及生活之機緣，也應該是有助於智性與德性成長的作為吧！

　　面對一個活力充沛如阿哲的年輕男孩而言，臥室就似乎只剩下提供安眠處所的功能而已。不過，睡好覺卻不是一件小事；或許，唸了哲學，並真正地把哲學唸好，我們才比較可能睡好覺。而在這裡，「唸哲學」的意思可就不僅止於讀一些哲學書，或只是在探索某一位哲學家的大腦袋。「唸哲學」顯然還有更深更廣的意思──「唸」是用心唸，而「哲學」就幾乎是我們內心世界一盞又一盞的明燈；明燈不滅，生命之火不熄。如此平淡無趣的比方其實很符合實際的情況，因為不是我們能出奇兵去圍攻哲學，而是哲學一直溫柔地擁抱著我們，就像那苦行的禪者「行住坐臥皆在定中」，並深深體會「搬水運柴莫非道」，用心唸哲學的人也自然能把哲學思考當作是家常便飯，在一再咀嚼之餘，那思維便如汁液般滴滴可口──如此，哲學在臥室，便成了一種特殊的象徵──從生到死都適用合用的道理。其實

哲學早已溜進昏昏暗暗的角落，而兀自展延出不刻意引人注目的平凡、中道、和諧，以及無可比擬的真實與美善。

　　而時間也兀自展延著，在這靜謐無聲的小房間裡；任何躺下的終必起來，任何睡著的也終將醒來。縱然光線不足，縱然空間極有限，我們也依舊能夠伸腳舉手，動一動我們的小身軀，動一動我們的小腦袋。如此，「道不遠人」就有了新的注腳：其實，是思想滋長於生活的暗處、生命的底部；於是，我們便可以明明白白地說出道理來，也同時清清楚楚地在感性與悟性聯手合作的認知活動中，為自己這一身的所在，做出比衛星定位系統更快速也更準確的搜尋的動作。

　　其實，臥室最好不必有什麼哲學家在開講，因為在此一休養生息之地，人人都是屬己的哲學家——不必有身分，也不須有證照。在此，就讓我們看著阿哲即將醒來，醒出一個屬己的哲學家來。酣睡大半夜之後悠悠然醒來，醒在晨光之中，醒在一長串的文字、聲音與影像之間。

哲學

在廟宇

　　一陣喧嘩聲，把沈睡的阿哲吵醒了。仔細聆聽，原來是廟會舉行迎神的活動，彷彿全小鎮的人都動員起來，熱鬧得不得了。打開窗戶，看見遠方森林中的神廟建築，旁邊已經裝飾了五顏六色的彩帶，表示盛大的活動正在進行著。阿哲一個翻身下床，趕忙奔出，正好遇上遊行的隊伍，他也樂得擠進人群，朝著神廟前進。

　　果然，廟宇周圍都是人，有些信徒們還匍伏在地，向那神聖的所在，做最虔敬的禮拜。

　　「是什麼東西牽引著這麼多的靈魂？他們相信什麼？是什麼讓他們依靠著並且以此為依歸？」問題不斷產生在阿哲的腦袋裡。

　　「信仰的力量讓我強壯啊！孩子。」阿哲忽然被一隻布滿皺紋的大手從背後拍了一下，差點還跌了一跤呢！

　　阿哲像是在抗拒什麼似的爭辯著：「但是人們相信什麼？除了神廟裡的神像，我看不到任何能產生神奇的東西。」

　　「只是一股虔誠的堅持，支撐著我們的世界……」

「喔，那麼這分堅持也可以是對任何事物的堅持，不一定是對神明和未知世界的堅持吧？老伯。不是神明退了位，哲學才有突出思維芽蘗的機會？不是心靈除了魅，人的文化才有重見亮麗天日的可能？」

「就算哲學與宗教不必兩相親，但也不至於水火不容啊，孩子。那高揚理性的笛卡爾仍然邀請『上帝』來保證他那清晰而明瞭的觀念能夠不作假、不犯錯。就連康德也有上帝存在、靈魂不滅、意志自由三預設。對康德來說，是上帝存在預設了靈魂不滅，是靈魂不滅保證了意志自由，而意志自由讓道德有了真實的主體。反過來說，靈魂不滅讓世間有了真正的公道，上帝存在則使一切不至於虛幻不實，而能夠不斷地獲得被認識、被肯定，也同時被全盤接納的機會。由此看來，神明何曾退位？上帝何曾隱遁？而哲學家又何必躊躇不前？」

而基本上，那教堂和廟宇其實只是一種象徵，象徵「神在世上」，其意義乃是指神始終以祂那超然

之姿向世人展示無限之美好；默默地看著這個彷彿
對祂依然陌生的世界。

> 或許，神明一直有話說，只是我們一直靜不
> 下心來。
> 或許，神明並無權威可言，只是人們總兀自
> 地卑微起來。
> 或許，降禍賜福並非祂們的職責，只是世上
> 之人總是向上仰望，總是兩手空空等待恩寵
> 滿溢。

而我們又該以何種身分現身於這「神在人間」的住
所？神似乎有各種可能的面目，而人在神面前也顯
然可以有各種姿態。

> 「因為我從小就跟著老祖母一起來禮拜祂，
> 這已快變成一種習慣。」
> 「因為這廟宇以及它附近是我們這城鎮的中
> 心，既然來這裡逛逛，也就順道來看看。」
> 「因為我想來向祂祈求。」
> 「因為我有深切的心願要向祂訴說。」

「因為祂一直是我精神的依靠。」

「因為我身體有了一些病痛，希望祂能幫忙治癒這些病痛。」

「因為……其實沒什麼原因，只是好奇吧!」

當然，哲學對任何事物都有批判的時候，尼采所以高呼「上帝死了」，實在是因為他心中有痛，他痛心的是世人愚癡，世人狂妄，世人竟不知「神聖」為何物。而尼采心中其實滿滿是愛，他愛的是不自我揚棄，不自我墮落，更不自我沈淪的人，他乃一心鍾情於「超人」，那個超越自己、趨向於神的超人。

至於另外一位基督徒哲學家祈克果 (Søren Aabye Kierkegaard, 1813～1855)，則以其心靈之潔癖，守一身之貞德，並堅持他對神無比堅定而真實的信仰，於是在洞燭教會內人為的欺誑、迷妄、虛假以及生命的腐化與沈淪之餘，發出如此教人難以置信的感歎：

「最難成為基督徒的，就是那些基督徒。」

到底在神明面前，該如何做一個真實的人？顯

然，唯有先把「人」做好，才可能做成一個具有真實的信仰、操守與修養的教徒。

正如懷德海（*Alfred North Whitehead, 1861～1947*）以「歷程」（*Process*）來解釋這世上事物存在的真相，上帝也在祂那神聖的歷程中，示現各種足以「臨在」（*present*）於我們心靈之中的那分真、那分善與那分美——「真」是指上帝原原本本的存在，「善」是指上帝無與倫比的光采，而「美」則是指上帝無形無狀無可描摹的身姿。由此看來，上帝絕非靜止不動，祂自始便活出了無比圓滿也無比輝煌的生命。

此刻，在這多神崇拜的國度，廟裡傳來陣陣祝禱之聲。把人們心靈的祈求送進祂們的耳裡，又在祂們微笑的嘴角邊上，洩露出對人們無盡的垂愛。阿哲忽然間看到石雕女神像的眼睛對他瞧了一下，嚇得他快步離開，深怕剛剛那些不敬的思想會被女神知道，而被祂處罰。說到處罰，有些批判性更強的哲學家主張「無神論」，他們才不怕處罰呢，費爾巴哈（*Ludwig Andreas Feuerbach, 1804～1872*）認為宗教是人類自我異化後的產物，這世上根本不存在那高高在上的神，神不過就是人類自身的放大投

射而已，所以是人類創造了神，而不是神創造了人；馬克思認為「宗教是人民的鴉片」，是一種麻醉世人心靈的組織，是一種使人類變得愚昧無知的東西，因此他反對所有的教主、教義、教儀、教規與教會，認為這些都是壓迫工人階級的兇手。

雖然他們主張無神論，但是出發點卻是對人類滿滿的愛。費爾巴哈主張以「愛」作為消弭不公平、邪惡的方式；而馬克思更是將對工人階級的愛，實際付諸行動，希望能帶給世界和平與公義。

阿哲離開廟宇，在人群中看到剛剛推他一把的老先生，他正閉上眼、口中喃喃的跟著禮拜的隊伍前進著。老先生的表情道盡了一切，說明了他對神明無限的信賴：

> 祂是天地萬物的創造者。
> 祂全知全能，而且有無限的愛與恩慈。
> 祂神聖不可侵犯，不能任意被褻瀆。
> 祂公平正直，是世上一切最終的仲裁者。
> 祂是最高的善。
> 祂是一切的歸趨與目的。

　　難怪祈克果會這麼說:「理性不能使人達到上帝, 他們必須做一次『信仰的跳躍』。」只因為我們終究是自由的, 終究有充沛的生命力, 也終究能通過個別而特殊的生命的欲求與想望, 來用生命全部的重量, 走出黑暗、危殆與險惡。所以如果阿哲真要探究信仰的秘密, 似乎也得閉上理性之眼, 跳入充滿神秘氣息的事物之中。

哲學

在墳場

　　搖頭晃腦的阿哲，漫步來到幽靜的一處，地上還放著幾枝剛摘下來的鮮花，仔細一看，原來在廟宇不遠處的這裡是埋葬先人的墳場。第一次來到墳場的阿哲自然有些侷促不安，一來害怕打擾了先人的安寧，二來也對自己的生命產生一種莫名的擔憂。

　　本來，這世上是有生就有死。對任何人而言，生死之間，就是一段不能重來，僅此一回的「人生」。而人生的內容，指的就是活著的人所能活出來的一切。這話似乎隱含「套套邏輯」(*Tautology*)，只是一個「重複同義語」，縱然它絕對為真，卻什麼也沒有說。因此，我們還是要問：

　　　「活著」到底是為了什麼？
　　　而「活著」又究竟能做些什麼？
　　　每一個人活著的目的真的會一樣嗎？
　　　如果「人生」乃言人人殊，那麼
　　　由生到死的過程，又該如何被放在
　　　各種價值觀底下來細細檢視？
　　　如此，「死亡」究竟該怎麼被定義？
　　　又該怎麼被看待？

顯然，唯有通過生命，我們才能夠真實地面對死亡。不過，哲學既旨在探索人的生命（包括生命所引來的思考、心靈、價值、道德、文化以及其中深沈之意涵），它又如何能再去探究死亡？而既然沒有人死去又活來，誰又能在死亡經驗的基礎上來琢磨出死亡的真諦？

孔子（孔丘，BC551～BC479）說：「未知生，焉知死？」
然生死交關，我們真的只能無言以對？
如今卻有人說：「既知生，更該知死？」
而「死亡」真的可知嗎？
是該去那祖宗安息之地，
好好和那些飄然逝去者，
來一場又一場的對話，
對話之中，我們不能再無言，
也不能再自以為是，
自以為可以「了生脫死」，
而竟忘了那貪生怕死之徒，
依然在人間四處放火，
放的是用生命的油膏所燃起的

不熱不冷之火——火光中依稀可見
那人彳亍而來，蹣跚而去，
而竟未曾留下一絲絲的影子
以及一步步的腳印子。

如果蘇格拉底說得對：

從事哲學（愛智之學）的探究，
就是為了學習面對死亡。

那麼，世上所有的哲學家都不至於害怕死亡，
而也都敢於在墳場之中，和祖先們同歌共舞。因為
他們深信：

這園林分明在此地，而不在彼岸；
這園林分明座落在人間，而不在他界；
無可置疑，這園林就在這世界之中。

而「死亡」也自在「生命」之中，所有欲探究
「死亡」為何物的愛智之士，也都只能在「生命」
引領之下，來揣摩「死亡」的真相，來揭發「死亡」

的意義。

　　當然，如果「死亡」被界定為是「生命的終點」或「生命的結束」，那麼「死亡」便可能沒有多少意義可言。不過，只要和生命有那麼一點牽連，任何事物就可能有那麼一點意味。因此，作為「生命的終點」或「生命的結束」的「死亡」，依然不斷地引發我們這些活著的人不斷地提問：

　　　　如果「死亡」是生命無法迴避的事實，
　　　　那麼它又能如何讓活著的人
　　　　認真思考「生命」的意義？

　　顯然，是死亡讓我們有了「這一生」，而且是有限的一生、短暫的一生、稍縱即逝的一生。因此，在我們面對死亡的無知黑幕之時，正好可以反襯出生命閃閃之光亮；而如此死生對反，生死一貫的巧安排，已足夠讓「活著」成為一種難能可貴的機緣。

　　確實，如果這世上只有生，而沒有死，那麼我們實在無法想像在這已知唯一有人類存活的星球上，要擁擠著多少個人？

　　而死亡當不只是天地間物質層之現象，或是生

理層之現象，一個人的死亡恰恰表示那個人完完整整地過完一生，並且在「死後無可知」的情況下，讓「死亡」完全轉入於生命的歷程之中。可以說，死亡乃生命之現象；而作為生命之結束、生命之終點，死亡是百分之百屬於生命，而成為我們活著的人必須認真看待的重要課題。

因此，從生看死，從生命的立場和角度，來理解「死亡」作為生命歷程之一環的真正意涵，實值得我們一輩子的參究，於是有了「生死學」或「死亡學」的研究，讓我們能夠設法來安頓每一個必須迎向死亡的小小生命。可以說，我們這一生作為「向死之存在」，絕對不能任由死亡的空無與虛無，來吞噬我們真真實實的這一生。

或許，一個生死學的專家，並不一定能坦然地面對自己的死亡，也並不必然能從容地處理即將來到的個人生命的最後一樁事。畢竟世間少有像瀟灑的莊子一般地「安時處順」（以「生」為「時」，而以「死」為「順」），做到「以死生為一」，最終徹底地根除「愛生惡死」的情意之結的人。莊子顯然有真正的「生命功夫」，才能完成「戡破生死」的艱鉅工程，他是真正參透生死而非空談理論的大哲人。

　　若生命自身就是個大工程，我們就大可以「生命工程師」的名分自我期許。但在生命工程進行的同時，死亡確實一直在一旁窺伺，一直在等待了結生命，而迫使生命工程停頓下來的機會。要如何踏踏實實地生，踏踏實實地死，確實要有真功夫、真本領。在這墳場裡，處處標記著人們的生日與死期，而他們應都真正地活過一回，也同時真正地死了一回——這大可無關思考，無關理論，而只和那始終不離開生活世界的哲人相互呼應：

　　　　哎！把時間交給生命來作詮釋，
　　　　而死亡的意義不就被深深地
　　　　銘刻在那以靈性為質素的精神碑文之中？
　　　　——
　　　　「死而不亡者壽」，老子如是說，
　　　　我們又何必去計算他們
　　　　到底活了幾年，
　　　　又究竟做過了什麼，
　　　　留下些什麼？
　　　　或許，什麼都不用留下，
　　　　也都留不下來，

什麼都早已在時間之中
向永恆做最最服貼的投靠。

　　然而，這墳場中何曾有過「永恆」駐足？原來，
這裡總是由剎那、短暫、偶然與無來由的遭遇所統
管。逝者如斯，逝者無言，逝者已然有始有終地走
過這一生，並宣稱他們已然無憾也無恨地安然而去
——這絕非別人可以代為解釋，就連哲學家都不能
多說話，因為「死亡」就是一個句號，甚至是個教
任何人都啞口無言的驚歎號。

　　當然，「死亡」最好一直是個大問號，因為「永
恆的哲學」一直未能現身於這安祥之地；哲學家如
田立克 (Paul Tillich, 1886～1965) 高舉「終極關懷」
來解釋至上神的信仰，解釋吾人究竟該如何面對死
後的世界，又如何在卸除肉身之後，能夠讓靈魂向
那最高的精神主宰一路超升。他應會懷抱悲憫之心，
信步走過這座園林，而將「永恆」的意義凝聚在這
春秋代謝，夏榮冬枯的大自然之中，如此，肉身已
毀，而精神長存。死而不亡，不就可以成真嗎？至
少，哲學家可以從生命哲學的角度，來思考「慎終
追遠」的深層意義。如此一來，「死亡」便有了豐富

的人文意涵，而可供道德哲學、文化哲學、社會哲學與宗教哲學一起來挖掘：

道德哲學家說：「死亡」絕對焚毀不掉「生命」真實的火光。

文化哲學家說：「死亡」讓文化傳承變成一種莫大的責任，沒有人可以任意推掉它。

社會哲學家說：「死亡」使人作為社會存有者（*Social beings*）的身分有了突破時間限隔的歷史性意涵。

宗教哲學家說：「死亡」使一切宗教不只有存在的必要，而且還有可以永續經營的無限願景。

有人如是說：「世上宗教都做死人的買賣。」其實，宗教所賣的，全都是「活人」所需之物。因此，假使人死可以復生，那麼那墳場便將形同旅店般，只是讓一副副身軀住個幾晝夜，而所有得到生命恩賜而真正復活者，也都將對所有和死亡有關的知識與文化，以及所有為死亡作為一個事實，而花費的努力（包括個人、家庭與社會各方面的付出，其中，

殯葬之禮便是其中大宗），做出如此的告白：

　　朋友，請別為我哭泣，
　　因為我不曾死去，
　　我只是暫時闔上眼睛，
　　暫時停止呼吸，
　　不為別的，
　　只因為我一時之間竟累倒了，
　　倒在天地自然的懷裡，
　　而我依然清醒，
　　依然在此一身軀之外，
　　早準備好另一副肉身──
　　它完好無缺如假包換，
　　材料用的竟是取之於
　　天地之外的
　　不腐不化的元素──
　　朋友，真的不必為我哭泣。

　　如此動人的聲音，阿哲聽見了，生死學家聽見了，宗教家也聽見了，所有的殯葬業者都應聽見了。原來「死亡」不是什麼「凶」事，而墳場也不是什

麼不祥之地。古往今來，哲學家大多被擋在生命停
止活動的關卡之前，他們乃能好整以暇地來探索生
命所擁有的一切——這一切是那麼直接，那麼具體，
卻也同時可以教我們發揮出高度的想像力和思考
力，來開發一大片的精神原野；而在概念世界裡再
造一個全新的生命藍圖；其間，死亡幾乎銷聲匿跡，
而墳場裡也將不再鬼影幢幢，因為我們一方面可以
感性地欣賞這人間百態，同時理性地思考生命的意
義，另一方面，我們還可以一逕地追問那死後的世
界：是天堂？是地獄？還是我們虔誠祝禱、一心盼
望的所在？

　　阿哲想了想，輕輕的笑了起來，像是偷聽到了
天使的密語，滿足而又愜意的笑了起來，他不再擔
心死亡未來在他身上留下的記號，他看起來就像是
了悟了生死，一派輕鬆的跨過墳場的藩籬。

哲學

在未來

哲學家說:

在遙遠的地方,一切虔誠終當相遇。

(唐君毅,〈我與宗教徒〉,《青年與學問》,

臺北:三民,2004 年,頁 140。)

路上行人拼命趕路,他們只在意腳下路途的遠近,以及究竟什麼時候才能抵達目的地——這是簡單不過的道理。

人人心中自有指南針;縱然空間給了我們方便,那時間的腳步究竟該如何往前挪移,卻必須我們花費心思,來琢磨出這一生的剔透與晶瑩——過去不再來,而「未來」卻一直來,這也不是什麼大道理,就看我們如何運用「當下」,來細細醞釀這人間的美味,以及撲鼻而來的芳香。

出了墳場,迎接阿哲的是一條條展延向遠方的路——路在眼前,路在腳下,路在人人心中;這也就是「道」。而「道」具有時間性,「道」不僅是抽象概念,也不只是主體性的顯現,「道」還是讓我們從過去走向未來的唯一的門徑。

在此,就讓我們回想一下柏拉圖的理想國,以

及老子的「小國寡民」：

> 小國寡民，使有什伯之器而不用，使民重死
> 而不遠徙。雖有舟輿，無所乘之；雖有甲兵，
> 無所陳之。使民復結繩而用之。甘其食，美
> 其服，安其居，樂其俗。鄰國相望，雞犬之
> 聲相聞，民至老死不相往來。
>
> 　　　　　　　　　　　　　　（《老子》八十章）

　　如此「小國寡民」，顯然不是不切實際的想像，
而是一幅「回到從前」的人間圖畫，而這顯然是東
方文化抒情寫意的理想世界，它和柏拉圖「理想國」
之充滿理性、秩序與知識文明的氣息，實在截然不
同。因此，我們似乎可以如此斷言：

> 老子把「過去」當作是「未來」的資產，甚
> 至於讓「未來」在「過去」的美好時光中醞
> 釀成形，而使「未來」的願景映現出人類心
> 靈經久不去的光采。
> 柏拉圖則把永恆的美善當作是建立理想國的
> 堅實的基石，而讓我們從眼前的景致脫然逸

出，向那亮燦燦的未來，尋找幸福美滿的所
在。

　　其實，東西兩大哲人殊途而同歸，只是老子比
較在意歷史發展的腳步，而一心追求那樸實無華的
生活，因此他在「天長地久」的時間歷程中，做了
一次又一次的精神跳躍，跳躍過知識、科技與文明
可能肇致的禍端，而回到人性最最溫暖的懷抱。

　　至於柏拉圖則比較擅長於理念之思考，他對那
些超乎一時一地的心靈圖像顯然特別感興趣——
「永恆」在他心底，而無盡的境界也同時在他無限
的哲學想像中，一逕地向前延伸。

　　由此看來，老子往往向後看；而柏拉圖則挺身
向前看；一個前瞻，一個後顧，其實都看向人類的
未來，看向人間理想的所在。可以說，老子哲學是
把時間拉長為「永永遠遠」的哲學，而柏拉圖則是
把空間擴張向「無邊無垠」、「無窮無盡」的哲學。

　　而「未來」到底寄身何處? 卻一直是個謎。難
道未來只是個方向，只是條道路，只是個無窮無盡
的信息，而卻讓我們始終找不到「目的地」?

　　「目的」可不全是「終點」(雖然兩者都可以用

End 來指涉），因為許多「終點」都只是在我們有限的眼力與腳力之下，才暫時地被認可；而只要我們用的不只是肉眼，使的不只是這兩隻常感疲憊的雙腳，我們是大有機會來轉那「終點」為永遠不會被踐踏、被蹂躪的目的地──而它始終在未來的願景中發光發亮。

其實，「未來」不在何處，只在我們的心中。就康德的觀點看來，時間乃是我們主觀思考所形成的一種「形式」，它被用來統合我們所有關於「時間」的一些思考的內容（包括感性與悟性的思考內容）。因此，我們所以會有「長久」、「短暫」、「在先」、「在後」的感覺和思考，便都是我們作為認識主體所擁有的這項利器運作的結果。說白一點，時間其實不是一種客觀的存在，說它從過去，經過現在，然後一路邁向未來，這也只是我們「主觀性」的一種模式，當然同時是我們心靈莫大的內在的想望和意願。

因此，「未來」所以為真，只是因為我們真的「心中有未來」，而這絕非空洞的幻念與幻想，也絕不是了無意義的夢囈，因為我們用心所在，只要不自欺，不作假，不無病呻吟，不窮極無聊，其中便有我們真實的意圖與意向 (Intention)，而那哲學家，特別是

那提倡「現象學」(*Phenomenology*) 的哲學家所關注的「意向性」(*Intentionality*) 也便有了真實的意涵，而「意向性」是一點也不玄妙、不深奧，它時時刻刻湧動於我們心中，而大可成為我們的思想、心靈與精神世界一項真實無比的徵兆。

> 而哲學在過去，過去因哲學而有光，光是哲學家那無比真實的思維的意向。
> 當然，哲學就在此刻，「現在」就是哲學最大的關注。
> 現在的一切，一切的現在，哲學家置身其中，豈非「無所逃於天地之間」?
> 而哲學家更以其兼具感性、悟性與理性之力道，一逕地向前奔馳，奔馳向未來。

　　而我們的未來也就在哲學所建構的心靈地圖中四處逡巡，試圖為我們這一生，尋找拋錨下碇之處──未來有哲學，而哲學也自有其未來。
　　因此，與其說「哲學」領導著我們，倒不如說是「未來」領導著我們。而斷言哲學有所謂的「未來性」，其實是說哲學家在運用哲學思考進行前瞻與

後顧之際，他們一心盼望的乃是人類能夠活在未來的真實之中，而所謂的「未來的真實」並非虛幻之物，它毋寧是具有高度主觀性與理想性的願景，恰如愛因斯坦 (*Albert Einstein, 1879～1955*) 所言：「想像力要比理解力來得重要。」真實的未來正不斷地通過想像力的推波助瀾，而一直逼近我們，一直要我們做出具體的回應，做出個人面對自己也同時面對「他者」最最誠摯的應允與期許。可以說，如果哲學家也是一種「領導」的話，那麼他們所從事的領導工作顯然至少有下列多重之意含：

　　信心領導──信心是燃料。
　　尊嚴領導──尊嚴是光亮。
　　理想領導──理想乃高飄的旗。
　　文化領導──文化正是豐厚的滋養。
　　價值領導──價值是標的。
　　希望領導──希望是引信。
　　愛的領導──愛是永不停歇的河。
　　未來領導──未來是那河裡湧動不已的水流。

　　而水流成脈，一逕向前，哲學家便乘載一艘艘

的小船，燃出了信心，並升起了尊嚴之桅杆，從而
在理想、文化與價值相加相乘的生活場域裡，全力
追逐著希望——希望是無盡的愛，希望是無窮的未
來。原來，哲學家從不自我放逐，也從不自我沈淪，
因為信心始終與希望共在，而那未來便徐徐而來，
是不必哲學家拔腿快追，只是我們還是擔心那思考
的歷程總演繹著難以分解的心靈線圈——線圈在
握，就讓我們費心尋找頭緒，並仔細斟酌自家性命
中那一篇又一篇的心事；然而心向未來，夢也同時
面向著未可知的世界，而所有的預言又如何能成真
呢？

當然，阿哲不曾放棄他那微不足道的小小心願
——立志要成為一個哲學家。不過，學習「做」哲
學的思考，一方面得有專業的方法訓練，一方面則
必須準備一種哲學的態度、哲學的胸懷與哲學的理
想。因此，看來這個追逐哲學如追風追夢般的少年
其實得放慢腳步，甚至大可安步當車地緩緩踏出一
條條路來——哲學有「道」，而「道」由哲學意義凝
聚而成。

在此，就讓我們來檢查「未來」在哲學家的

心坎上已然留下的印記：

顯然，柏拉圖是用「理型」來造就他的「理想」(Ideal)，而理想就是「未來」在柏拉圖哲學中的無數化身。

笛卡爾則是用理性思考來為「未來」量身打造，於是他的「我思」便由我們內心，一逕延伸向外在世界，而讓「我在」一直「在」，一直向未來討取那一分「真」——那一種可以被發現、被認可的「真」。

至於那些經驗主義者如洛克、休謨 (David Hume, 1711～1776) 等，則大舉開發那與我們的感官同在的現象世界，因此他們的「未來」便彷彿白板一塊，可以供我們揮灑個人的才情，並與其他人一起創造那以未來為導向的新文化新社會。

如今，還有維根斯坦用語言與邏輯來為「未來」代言，還有哈伯瑪斯通過「溝通行動」(Communicative action)，來為他心目中理想的社會，起造了與人類的未來同居同宿的「觀念的磐石」。

當然，還有馬克思用他最最未來的思考方式，

勾勒了一幅如真似幻的世界的未來。

而最教人感動的哲學家則是那些與這個生活
世界頻頻打交道的當代的倫理學家、文化哲
學家、社會哲學家與政治哲學家,他們各自
現出身分,各自堅持立場,只因他們有共同
的未來,而在賦予未來諸多的盼望、信任與
真摯的愛的過程中,他們卻也仍然認真地做
著自己的夢,而讓自己的哲學為自己的未來,
鋪築了一層層由「主體性」與「客體性」交
參而來的混凝之土──它實實在在,也清清
楚楚。

當然,哲學家絕不能好高騖遠,縱然他們依然
難免曲高和寡。而若哲學家也愛做夢,那麼他們所
夢見的,便很可能是一般人想都想不到的,就像黑
格爾所設想的「絕對精神」,不是一直閃耀著夢一般
的色彩?(當然,是有一些人對它嗤之以鼻,因為他
們甘心活在光天化日之下,而且只熱中於人間的一
些算計、圖謀與精巧的構思。)

此外,還有一些哲學家做的是樂天而單純的夢,
他們總以為知識與語言如利箭般,只要張開心靈之

弓，那標的之物便將不左也不右地被準確地命中
——而這就是人生，就是以「未來」來領導的人間；
至於是那箭飛出了「未來」？還是「未來」讓那箭可
以把持住自己的方向？這大概就不是哲學家需要擔
心的了。

　　也許，「未來」的意義不在某一種已然成型的理
論思考中；而「未來的哲學」說不定可以不叫做「哲
學」，可以不要有專屬的 *VIP* 室——因為它能夠遊
走於生活的各個場域，以及我們心靈的各個角落。
當然，哲學家除了要有「自救」的能力之外，他最
好還要有「助人」之專業。換句話說，哲學家要能
說能寫，而且還要能夠以全副生命來實踐那些符號
系統所蘊含的意義，甚至於去做一些具有療效的救
人工作。因此，所有的哲學都理當是「意義哲學」，
都理當可以在眾聲喧嘩之中保持沈默，因為哲學家
全神貫注的是人類共同的未來，而我們於是就可以
在「我的未來恰恰是夢」的虛擬實境之中，一起來
迎接各種哲學的論證，以及風起雲湧的「哲學的突
破」(*Philosophical-breakthrough*)。如此，哲學家便
幾乎可以坐上講壇，效法那東方教主，拈花輕語道：
「吾有正法眼藏，涅槃妙心，實相無相，微妙法門，

不立文字,教外別傳……」而座下有人會心一笑──
是阿哲嗎? 還是另有其人?

哲學

在回家的路上

　　出了墳場，迎接阿哲的是一條條展延向遠方的
路，有康莊大道，也有羊腸小徑，還有雜草堆橫亙
於前的小路，該往哪去呢? 阿哲想了想:「走這條或
許會有什麼新鮮事!」於是跨過雜草堆,往小路走去。
在路上阿哲隨手攀折野花，甩啊甩的，看到路邊一
個大石頭，上面擺著一壺清茶與小茶杯，旁邊還有
個字條寫著「回家」。出於好奇心，阿哲倒了一杯茶
水，一飲而盡。沒想到這茶沁香可口，入喉甘甜無
比，實在太美味了，阿哲忍不住一連喝了好幾杯，
才覺滿足。不知是茶太美味還是阿哲累了，毫無戒
備的他，竟然放鬆身心的靠在大石頭邊上，沈沈的
睡著了。

　　喝了這些回家茶之後，阿哲又睡著了，夢中的
他正邁上回家的路。那阿哲的本尊「哲學」又在哪
裡呢? 本來，哲學就在問答之間，就在自我出離與
自我回返之間。一方面，當哲學家被視為「精神的
貴族」的時候，我們或許會因此捧他們的場，而企
圖分一杯知識的羹。但另一方面，我們都知道哲學
必須以生活世界為壤土，才能植根定根，而開出生
命的花朵，結出生命的果實。如此，在出離與回返
之間，哲學家終於明白:「回家」原來是心靈最真實、

最深沈、也是最終極的想望。而若有人一直追問：
「哲學到底在哪裡？」哲學家顯然不必立即答腔，因
為那人其實心中自有答案。

　　說哲學乃真實之思考，應沒有人會有所懷疑，
除非有人棄「自我」而去，丟下「生命」這塊寶，
「哲學」這塊璞石，竟不知親手去雕鑿它，好讓那
思維與智光的光采燦然於人間，恰似詩人艾略特 (*T.
S. Eliot*) 輕輕吟唱：

> 我們的探索將永不歇止，
> 一切探索的終點
> 將回到啟程之處，
> 而我們將首度真正認識那地方。

而我們由家裡啟程，最後又返抵家門，我們又何曾
真正地認識這個家？雖然「哲學」這個大家庭早已
分了家，還是有人堅持做那與理想、價值、意義不
棄不離的工作，而因此一直守著這個家。

　　當然，更有人胸懷萬里，志在四方，而發出如
此豪語：

> 處處無家處處家
> 到處不住到處住

如此一來，我們甚至還可以這麼問：

> 哲學真的需要有個「家」嗎?

而「哲學家」既然頂著「家」這個名號，他們顯然一直在為建造一個個無形的「家」打拼——如此的「家」真的處處在，我們也便可以處處為家，而到處不住到處住；而當我們走在回家的路上（事實上，我們是時時刻刻都走在回家的路上），如果我們確實能有「到處不住」的灑脫與「到處住」的豪情，那麼「哲學」作為一種活動、一種工作，或是一種事業，便可能不會讓我們白忙一場，因為那活動的結果，那工作的所得，以及那事業的成就，其實都有跡可尋，也都有那點點滴滴值得我們細細品味：

> 所以「到處不住」，只因為知識是通路，理論是橋梁，我們又該如何能夠無端地為自己造個殼，而竟自囚起來?

　　所以「到處住」，則是因為我們在善用「哲學
的自由」之後，還是得扛起作為一個人的責
任，並善盡個人之義務；不為別的，只為我
們這一身，以及所有與我們同在的事事物物。

　　當然，家是供人居住的地方。而在家裡，我們
可以放鬆，可以自在，甚至還可以在相當的程度內，
做出一個個比較真、也比較實在的自己來，一般而
言，說到「做人」，大家都只想到是在這社會上「做
人」（而如今是在「公民社會」中做一個「公民」），
卻很少想到那平靜無奇的家，才是「做人」的好所
在。

　　我們對哲學家所居住的「智性之家」，總有無盡
的好奇。當那「回家」的衝動讓我們停不下腳步的
時候，所有的哲學家們便彷彿成為一個大家族，他
們之間儼然各有各的血緣關係──不，不是血緣的
關係，而是心智的關係。心智之活動乃精神之歷程，
哲學家們顯然在人類精神發展的過程中，獲得了充
分的支援與滋養，他們於是滿足於人性與文化交參
而成的「豐富之旅」，並且一再地盼望那溫暖的家能
夠等待所有流浪在外的人，等待誠實而真摯的全家

族大團聚。

　　就是因為「德性之家」與「靈性之家」值得我們以全副之生命來營造，所以哲學家們還是未曾停下腳步。而他們也絕非狂妄之徒，因為這世間的公道與正義是已然經得起人情之冷風吹襲，它們也不是人性之野火燒得盡的。

　　又豈止愛智者在趕路?

　　　天呀! 你為何高高地頂在人們的頭上?
　　　地呀! 你為何靜靜地臥在人們的腳下?
　　　而人呀! 你們又為何一直在尋找、在奔跑、
　　　在追求那不可知的終點?

　　其實，世上每一個人都愛家，都會想家，特別在離家久久之後。哲學家也不例外，特別是在他們觀察「宇宙」，冥想「本體」，而以個人之形上關懷與形上思考，深入於難以言宣甚至不可思議的精神境界之後──此刻，如果能夠在理性思考之中，再摻入個人心靈之獨特體驗，那麼哲學就將變得更富有意味，而那生命之原鄉則將更富有趣味。

　　許多當代的哲學家總以入世與應用為其思維之

主軸，他們關心的大多是我們所擁有的知識，以及我們所運用的語言。因此，他們每每以清晰的條理、意義與脈絡 (Context) 自我期許，而也同時以某些相應的思維與理論的判準來要求別人。如此，那些和社會文化相關的主體性因素（譬如價值、理想、目的以及種種真實的方向），便將不至於如浮萍般居無定所。英國作家華茲華斯 (*William Wordsworth, 1770~1850*) 說：

　　「文學起於平靜的回憶。」
　　我們則可說：哲學源於深沈的反思。
　　如今，我們已然穩當地行走在回家的路上，
　　行走在前人所鋪築的「生活之道」上；
　　而此「道」內寓「哲學之道」——它不只在京都
　　不只在康德腳下，也不只在懷德海的歷程中
　　因為哲學與生活二者息息交關
　　交關的是人我之間互通的信息
　　交關的更是自然與心智交互為用的
　　那無孔不入的生命共同之體

　　而到底是心智 (Mind) 源自於自然 (Nature)，還
是自然孕育著心智？這個問題截至目前應還無解。
不過，在所謂「人工智慧」(A.I., Artificial intelligence)
震天價響之際，我們還是可以來思考「做人」和「做
哲學」之間的關係，是否依然存在著一大片仍不為
人知的「生命的處女之地」；而在歷史演進、社會演
進與文化演進三部引擎同時發動之下，我們又到底
能如何來理解人性、深入心智，來對世界進行多面
向的解釋，以建構真實的「心智與自然」的多重關
係？這樣的問題或許已超出一般意義的自然演化的
範疇，或許已不是單憑「人工智慧」就能夠過度樂
觀地做那些預測預知的工作。因此，最後我們還是
得用心來聆聽如此輕微又凝重的持續呼喚：

　　　　認識你自己吧!
　　　　了解你自己吧!
　　　　成就你自己吧!
　　　　實現你自己吧!

　　那遙遠的家依然亮著一盞盞溫暖的亮光。其實，
家並不遙遠，如那聖人所言：「道不遠人」，這天地

永遠不會丟棄我們，家又何曾離開每一個遊子溫溫
熱熱的胸臆？

　　因此，當哲學家們都和好如初的時候，我們大
可期待哲學的陣營不會再分裂，而哲學家們也不會
再動無名之火，不會再高舉思想的干戈。

　　　　說什麼「本體」？「本體」不就是那一直不言
　　　　不語的徵兆嗎？
　　　　說什麼「形而上」？「形而上者」不就在我們
　　　　無終無極的關切裡嗎？
　　　　說什麼「知識的判準」？它又豈止是一把人造
　　　　的尺？
　　　　而說什麼「清晰又明瞭」？
　　　　那些清晰的，還不是有一定的模糊度嗎？
　　　　那些明瞭的，還不是被無邊無際的「無知」
　　　　所包圍？

　　阿哲邊走邊想，他衷心盼望能在這回家的路上，
碰見許許多多的哲學家──或許，哲學家們都已卸
下「知識」的袍子，也都不再頭戴「哲學」這頂冠
冕。因此，阿哲是無論如何也無法發現他們的身影，

除非他改變自己對哲學的看法和態度，除非他與人
為善，或者和光同塵地和所有的「路人」（其實，也
是「家人」，因為大家都要回到同一個家）一起結伴
而行，而最後在智性之光引領下，一起跳出各種哲
學的理論和系統，一起邁向不再以「知識的傲慢」
自我摧殘，也不再以「意念的災害」自我毀傷的平
和、寧靜與安詳之地。

　　當然，哲學仍然有其專業，就像那些「路人們」
一時之間玩起了遊戲，甚至還各自做起營生來。因
此，有容乃大，異中求同，顯然是做人的根本原則，
也是處世的基本態度。

　　至少，在這回家的路上，阿哲加入了各種的寒
暄與對話，他因此增長了不少見識，也獲得了不少
的安慰。

　　　見識讓我們開了眼
　　　安慰則使我們軟了心

　　真的，我們是真的心有所屬；而且我們還一心
盼望，盼望這世上多一些軟心腸的哲學家，少一些
硬心腸的哲學家。最後，在肯定一切事物相接相連

相繫的「整體」之餘，我們還有不少話可說，不少事可做。至少，我們還得不斷地提醒自己，警惕自己：

　　　我們何曾被那「知識」所誤導？
　　　我們何曾被那「永恆」所迷惑？
　　　我們何曾被那「真理」所欺騙？
　　　我們又何曾被那「哲學」所綁架？

　　哎！「知識」何足掛齒，「永恆」何必現世！「真理」何來面目？而「哲學」又哪裡去？哪裡來？哪裡躲？哪裡藏？

歇後語

　　已經是「最後」了,我們竟還在等待那「最後」。

　　或許根本沒有「最後」,沒有結果,沒有永遠的停歇、永遠的休止。

　　如同作曲家在譜裡放入一個個「休止符」,或許只是為了讓那些演奏家喘一口氣,這可是多麼體貼、又多麼有人情味! 因此,技術有時盡,而藝術無窮盡──這天地本就有大美而不言,這人間也本就有言而不盡,甚至有意在言外的無窮無盡的趣味;趣味是品味,而品味內蘊於思想,也隱藏在心智深處,除非哲學家們一天到晚只在賣弄「工具理性」,也只是一味地操弄那些人工符號。

　　如今,人人都回到自己的家。

　　阿哲於是在倫理與道德的氛圍裡,兀自想像另外兩個世界:

　　　美感的世界
　　　神性的世界

前者我們交給了藝術家,後者我們則託付給宗教家;而它們又何嘗離開過我們的內心世界?

　　「內心」怎會是個「世界」
　　而「世界」又在哪裡?
　　就像我們兀自狐疑:
　　哲學在哪裡?
　　哲學家又在哪裡高談闊論?

只因為美感在我們心中，神明也已長駐我們心底，我們才能夠活得自由，活得快樂，活得有趣味、有希望。原來，唯有感動的力量，才能讓那「美」嫣然現身；也唯有信仰的力量，才可能教神明冉冉下座，而不再非讓我們一直抬頭仰望以至於看不見腳下的道路不可。

　　而或許回到了家，我們才能安頓好這一身。因為這一路上，我們已然看盡了人間、加入了人群，也盡情欣賞了大海與平原自然之風光；同時，我們在夢裡徜徉過，在教室靜坐過，在劇場聆聽過，也在運動場中高聲喝采過……這無非是在人間百態中我們可以與眾人分享的真、善以及無比的美好——如此之真不再抽象，如此之善具體而實在，而如此之美好自有無窮無盡之意味供我們品嚐。

　　原來，歇後之語絕非玩笑之詞，而我們在交談、

對話與論辯之餘，也大可如人類學家葛雷格里‧貝特森 (*Gregory Bateson*) 所說，用說故事的方式來思考；他如此分析「以說故事的方式思考」，其實已經是一種哲學的觀點，其中包含了一種生活觀和世界觀，進而綜合地呈現出所謂的「心智的生態學」(*Ecology of Mind*)：

> 「故事」是連結性的小團塊或複合體，我們稱之為關聯性 (*Relevance*)。1960 年代，學生們為「關聯性」爭論不休，而我認為，如果 *A* 和 *B* 是同一個「故事」的不同部分，那麼 *A* 與 *B* 必然有所關聯。
>
> 這裡我們又遇到多層連結：
>
> 首先，*A* 和 *B* 的連結是因為他們是同屬一個故事中的成分。
>
> 其次，人與人的連結在於，所有的人都以說故事的方式來思考。(那部電腦的確是對的，那是人們思考的方式。)
>
> 現在我要說，無論這故事裡的「故事」一詞指的是什麼，用說故事的方式來思考並不會使人類與海星、海葵、椰子樹及櫻草花分離。

　　如果我說的沒錯，如果世間萬物是相連的，
那麼所有的心智都是以說故事的方式來思考
的，無論是我們、紅樹林，或是海葵。

（葛雷格理・貝特森，《心智與自然》，
臺北：商周，2003 年，頁 52～53。）

　　顯然，我們都活在各種的關聯性中，都從各種
的關聯性得到生活的指南與心靈的啟示。當然，我
們不可能知道海星、海葵、椰子樹和紅樹林是怎麼
說它們（他們）的故事的，我們只知道它們（他們）
活得自在，活得踏實，而且活出了自己。可以說，
它們（他們）是用生活來說故事，用說故事的方式
來道出它們（他們）的哲學。

　　哎！如今愛說故事的哲學家是越來越少了。用
說故事的方式來思考，尼采做過，沙特做過，卡繆
也做過；而用散文或札記的方式在哲學園地裡漫步，
莊子做過，荀子（荀況，BC313～BC238）做過，祈
克果做過，羅素（Bertrand Arthur William Russell,
1872～1970）做過，維根斯坦也做過。此外，是有大
文豪「那麼哲學」也「非常哲學」，哥德和杜斯妥也
夫斯基不是嗎？卡夫卡（Franz Kafka, 1883～1924）

不也那麼「存在主義」嗎？而詩人們用詩歌來讚頌智慧，來謳歌人間的美善，其間又何嘗沒有「另類哲學」的意味？陶淵明（陶潛，365～427）和蘇東坡（蘇軾，1037～1101）簡直是莊子的化身。而拜倫 (George Gordon Byron, 1788～1824) 之醉心古希臘文明，他又難道不曾在心裡供奉過那些引人遐思的神話人物，以及那些在人間優遊自在的愛智之士？

　　當然，要哲學家們平平靜靜地放下個人的本領，而用欣賞的態度來彼此聯結於文化與生活共屬的平臺上，談何容易！但在智慧一再地邀請之下，哲學家們理當盡棄前嫌，一起來開墾那富饒大地：

　　　　就讓哲學由理論通向實踐，
　　　　由抽象導向具體——
　　　　具體的是我們的身、我們的心，
　　　　我們活活潑潑的想像，
　　　　我們自自在在的生活。

　　因此，當許多人都只願「應用」哲學來討生活的時候，我們其實應該對那些耽於理論與抽象思考的哲學教授，表示更高的敬意、更大的謝意。而這

可不是要讓那些忙著寫書寫論文的「學者」一味地「老王賣瓜，自賣自誇」，我們最想要的結局是「不必有任何的結局」，而我們想說的話是「不必加上任何句號的語言」；至於我們最想做的事，大概不外乎無所事事，卻什麼都想做，什麼也都可以不做⋯⋯。

　　事實上，還是有哲學家不以寫「論文」為業，更不把「宣讀論文」作為主要的學術活動。他們主要的哲學活動就是將自己這一副身心輕輕地放入哲學思考之中，而不為別的，像那一位著名的登山家，如此回應「你為何要去征服那世界最高峰」的問題：

　　「只因為它在那裡！」

而這些哲學家從事哲學思考或與哲學研究相關的工作，也只有這個理由：

　　只因為哲學就在那裡，
　　我就在哲學之中，無可迴避，
　　也無話可說。

　　確實，哲學家在努力做哲學思考工作的時候，

就像在爬山一般；若個個哲學家的身手都如同登山家般矯健敏捷，他們一心要征服的應是自己心底的一座座高峰、一座座巨山。而別人的理論、系統以及那一本本的鉅著，大概頂多是一些可供參照的砥礪之石——這意思是說，哲學家縱然不能目中無人，但卻大可旁若無人，行所無事，無為而無不為。

當然，哲學家也不能是獨行俠，雖然他們得準備面對一生的孤寂，也同時得勇於面對任何對哲學不懷善意的人的挑戰。

因此，哲學家理當行走於人群之中，用他們最大的善意，以及一顆感恩的心，來發揮警世木鐸的角色，或是那一隻隻傳播思想花粉的蜜蜂的功能。而若他們在嚴肅的態度之外，依然保有幽默感，也依然有分輕鬆自在的心情，那麼我們便不必對他們心生畏懼，而大可和他們在這真實的生活天地裡一起作息，一起遊憩，一起「無思無慮」地活出自我本色。

原來哲學包含了無數的命題、無數的推論，以及無數的對話與辯證；而哲學家們乃不斷地在自己心底進行了無數的辯論賽——有正方，有反方，也自有正反互通的觀點與立場不間斷地往來：

知識——

柏拉圖：「理型」保證了「真」、「善」、「美」
……

奧古斯丁（*Aurelius Augustinus, 354～430*）：
上帝的光照亮了一切的黑暗……

康德：批判精神乃人類理性的大護法……

笛卡爾：「我思」就是那張如假包換的保證書
……

道德——

蘇格拉底：「善」無可懷疑，它值得我們追求。

亞里斯多德：有道德的人才是真正幸福的人。

尼采：那些「偽君子」破壞了真實的良善與
美好。

老子：「大道廢，有仁義。」哎！恆常之道又
如何廢得了？這又豈是人類所惹的禍？

麥肯泰（*Alasdair MacIntyre, 1929～*）：道德
不是抽象的，道德存在於傳統之中；而現代
人敗壞道德，結局極可能是我們的生活將不
再是個整體。……

而在知識與道德之間，又有許多論題，可以讓哲學家們你來我往，言詞交鋒，不斷地激起心靈的波濤。至於一些現代的倫理困境，則已為哲學引來一連串思想與言語的風波：

墮胎——

甲：「胎兒不是人，因此墮胎不是殺人……」

乙：「胎兒不是早就有個人樣了？縱然他們還在母親的肚子裡，但卻已然有了感覺，甚至有極為微弱的意識。因此，墮胎就是殺人。」

丙：「墮胎符合道德與否，就由各國的國情來決定吧！」

安樂死——

甲：「說什麼『幸福的死』(Euthanasia)？有人想早點結束那『生不如死』的生命，就讓他去吧！」

乙：「你沒聽過『好死不如賴活』這句話嗎？現代醫療科技又如何能假『仁慈』之名來『助死』呢？」

丙：「哎！死得幸福或不幸福，看來只有那快

死的人才知道，我們活著的人又何必操心？」

死刑——

甲：「世上誰不怕死？何況『以眼還眼，以牙還牙』是個鐵律，誰又能否定『一命償一命』的公道性？」

乙：「死刑乃『合法殺人』，終究還是在殺人，而殺人都是不應該的……」

丙：「當然，死刑是可能製造永遠無法補救的冤獄，不過，我們也當想想那些受害者家屬的感受。因此，大家就看著辦吧！……」

　　以上辯論，可能會有勝負，也可能不會有輸贏，而各方論點顯然還必須下去，也還必須進一步彼此推敲，相互參照。因此，哲學家雖不好辯，卻仍然必須像孟夫子（孟軻，$BC372$～$BC289$）般慨歎：「予豈好辯哉？予不得已也！」哲學彷彿是一樁「不得已的學問」，而所以「不得已」，並沒有定準，也不必須如那審判長詰問挺立在法庭上的那人：「你為何會去做那件事情？而那個人又哪裡得罪了你？」顯然，那人做那事，其中必有緣故，而所謂「得罪」與否，

也只有那兩個人之間才可能真正明白，我們又如何能以第三者的身分與立場，來深入「互為主體」的、交互的 (reciprocal) 關係？——人人都有關係，而有關係或沒關係，其實都是一種關係。

而如今我們確實已然投身於一個變遷中的世界，而我們又應如何在這世上用心尋找一個更好的世界、一個更有秩序、更有價值，也更有理想性的世界？原來在此世和彼岸之間，哲學家大有用武之地，而若哲學家之間，只能彼此用「哲學」來對話，那麼在各種哲學理論之間的會通（或「會通之道」），又當如何如同那修煉者一逕打通任督二脈，讓我們這一身的精、氣、神三者化而為一？原來我們竟都是「三合一」之身⋯⋯如是，我們夫復何言？我們是否應該回到智慧的寶地，用盡我們這一生，像莊子筆下的列子不再拔地高飛，而在不識師父的真人面目之後，因羞愧而覺悟，因覺悟而回歸自然，回到自己真實的生命，如此地「雕琢復樸，塊然獨以其形立」（《莊子・應帝王》）。看來「哲學有時盡」，而生命無窮！心靈無憾！精神的世界無垠又無界！

然世界依舊，「現代」彷彿水流；大江東去浪淘盡，英雄竟不再，只因平民百姓如今都上了歷史與

時代交會的舞臺，而哲學的花園已蔓草叢生，多的是雜種、變種與新種——它們亟需新滋養與新栽植方式的呵護照料，而我們又如何能在「現代」緊緊的擁抱中，一味地去追逐那「後現代」？是自有「現代之後……」，是自有後人繼踵前人，如後浪推著前浪。古往來今，哲學已然成史，而那些站在時代尖端，不太理會「哲學史」的哲學匠們是得小心翼翼，因他們的每一步都將深深印在「哲學史」迤邐開來的路途上，他們又如何能目空一切？如何能老是以「最後的哲學家」來斷絕思想與智慧的長長的血脈？

　　朋友，是該放輕鬆了！因為哲學無所不在，又何必一味地回顧那來時路？又何必一味地計較哲學的家務事？哲學是該隨時準備跳出自己的殼，而哲學家更該去和那些「非哲學」、「無哲學」或「反哲學」的人交朋友。我們千萬得記住祈克果的話：「哲學每走一步，就脫一層皮。」（《祈克果日記》）而我們又如何能裹上那一層皮，甚至就住居在它們裡面如寄生之蟲？顯然，我們必須如蛹之化蝶，向那廣大的天空，振翅飛去。是的，神經可別繃得太緊。

　　在這「慎終如始」的又一個起點之上，我們並非「來日無多」，而是「來日方長」；縱然很少有哲

學家活過百歲，但他們卻大多長壽，大多能夠在思想的壞土裡發現一些有益身心的滋養，如那雍容大度的學者在被那些高張意識形態的「同志們」詰問他這一身的「成分」之時，竟悠悠然說道：「碳水化合物。」──誰的身體沒有如此的成分? 誰的生命又只有如此的成分?

　　無疑地，哲學是生命的成分，是思考的成分，也是心靈與精神的成分，雖然我們在哲學之中一直有言也有語，甚至有說也有笑，其實一點也不多話，一點也不嘮叨，因為只要我們身在哲學之中，我們便可以高歌、可以低吟、可以發願，更可以做長長久久的祈求與祝禱，只因為這歌後語將永不停歇，永不止息。除非我們竟自斷生活，自絕後路，甚至自外於這多采多姿的生活世界。因此，哲學並非那一動也不動的元素，而是我們的思考、心靈與精神所蘊含的活潑潑的因子。

終於，阿哲心滿意足地返抵家門。而他也終於明白：活在這世界裡，一切竟是那麼明白! 那麼清晰! 那

麼自然而真實!
　不過，我們還是得隨時提醒自己:

　　那「普遍性」其實不太可靠!
　　那「絕對性」往往遙不可及!
　　而那「準確性」也總是不太可信!
　　除非我們能夠讓那「抽象的」向那「具體的」
　　靠攏，讓那「理論的」向那「實踐的」學習，
　　也同時讓那「形而上的」向那「形而下的」
　　伸出溫溫熱熱的手。如此，就讓一切「真實
　　的」勇敢地向那「虛假的」做最嚴厲的抗議
　　與控訴吧!

　　最後，我們終於恍然大悟: 原來阿哲走的是一
條出走、流轉與回返的道路，而這路還一直延伸下
去……。

◎科幻世界的哲學凝視

陳瑞麟／著

科幻是未來的哲學，哲學中含有許多科幻想像。但科幻與哲學如何結合呢？本書試圖分析《正子人》、《童年末日》、《基地》、《基地與帝國》、《第二基地》、《千鈞一髮》、《魔鬼總動員》、《強殖入侵》、《駭客任務》等作品的哲學意涵。透過分析，與讀者一起探討「我是誰」、「人性是什麼」、「人在宇宙中的地位」、「真實是什麼」、「我應該怎麼做」、「科學是什麼」、「如何改革社會」等根本的哲學問題。

◎信不信由你──從哲學看宗教

游淙祺／著

本書從哲學角度看待宗教問題，以八個子題循序漸進地簡介西方哲學向來處理宗教的方式。西方哲學從古希臘到十九世紀末為止，其論辯、批判與質疑的焦點集中在「上帝是否存在」上。而二十世紀的西方哲學家，在乎的是「宗教人的神聖經驗」、「宗教語言」、「宗教象徵與神話」等新議題。至於身為世界公民的我們，如何面對宗教多元的現象？應該怎樣思考宗教多樣性與彼此相互關係的問題呢？

◎人心難測
——心與認知的哲學問題
彭孟堯／著、陳澤新／繪

　　與植物人談戀愛的機器人！如果思考、認知與情緒是大腦的作用，那麼刻骨銘心的愛情與永恆不變的友情，也只是大腦神經系統的一連串反應嗎？如果情感只是腦神經的反應，當我們創造出會思考、有情欲的機器人時，要如何區分彼此呢？人類的思維和情感表現，真的只能用大腦神經系統來解釋嗎？還有什麼關鍵被忽略了呢？

◎這是個什麼樣的世界？
王文方／著

　　在街上遇到郭靖？有 100 個自己？天啊！這是個什麼樣的世界？本書透過生動鮮明的事例，淺介「形上學」中各個重要主題，包括因果、等同、虛構人物、鬼神、矛盾、自由意志等。哲學家說「形上學是研究世界基本結構」的一門學問，但是什麼是「世界」，什麼又是「世界的基本結構」呢？好奇寶寶別擔心，本書論述淺明、舉例豐富，絕對能滿足愛胡思亂想的你喔！

◎思考的祕密

傅皓政／著

　　本書專為所有對邏輯有興趣、有疑惑的讀者設計，從小故事著眼，帶領讀者一探邏輯之祕。異於坊間邏輯教科書，本書沒有大量繁複的演算題目，只有分段細述人類思考問題時候的詳細過程，全書簡單而透徹，讓您輕鬆掌握邏輯推演步驟及系統設計的理念。全書共分九章，讓您解碼邏輯，易如反掌！